知乎

有 问 题 就 会 有 答 案

U0125502

识影寻踪

没药花园案件

没药花园 著

北京日报出版社

没药花园案件

目 录 Contents

1

法国恐怖屋事件

2011 年的一天，居住在法国南特（Nantes）的一对夫妇和他们的四个孩子、两条狗突然失踪，警方多次勘查他们家都没发现异常。在这期间，男主人的家人收到了一封诡异的打印信，信中以男主人口吻讲了一个离奇的故事。而当警方去他们的住所进行第六次勘查时，终于有了恐怖的发现……

1. 六个人和两条狗都失踪了

南特是法国的第六大城市，位于大西洋沿岸，有 80 多万人口。泽维尔·杜邦·德·利贡内斯伯爵（Xavier Dupont de Ligonnès）和他的家人就生活在南特市郊的一个中产阶级社区。那个社区的居民大多有体面的工作，气氛宁静祥和，治安十分好。

泽维尔一家住在舒曼（Shuman）大道 55 号。在案发后，这栋 100 多平方米的两层小楼成为都市传说中的恐怖屋。那么这栋房子里到底发生了什么呢?

杜邦·德·利贡内斯是个古老的伯爵姓氏,他们发源于法国东南部的维瓦赖(Vivarais)地区,昔日非常有名望。这个家族不仅在法国中部有自己的古老城堡,还有家族印章戒指、家族盾徽、家族箴言,过去还养过一支火枪手部队。

本案发生时,泽维尔已经 50 岁了,刚从他去世的父亲那里继承了伯爵头衔。在周围朋友的眼中,他是个成功的销售员和商人,在法国东南部的波尔尼克创办了一家叫 SELREF 的公司。他本人性格开朗、爱笑,擅长社交。

泽维尔的妻子安妮丝比他小一岁多,案发前在一个天主教学校当生活助理,同时教一门"教义问答",是个非常虔诚的天主教徒。她经常带女儿儿子们参加弥撒。教会里的其他人说,安妮丝人很善良,只是对她的孩子们很严厉。

泽维尔和安妮丝在外人眼中感情和睦,两人共同抚养了四个孩子。

大儿子亚瑟于 1990 年 7 月 7 日出生,案发时 20 岁。他的相貌英俊,在距离家一个多小时车程的一所私立大学学计算机,课余时间在南特的一家比萨店打工。

二儿子托马斯于 1992 年 8 月 28 日出生，案发时 18 岁。这个有些害羞的大男孩，对音乐很痴迷，在位于昂热的西部天主教大学学音乐。

唯一的女儿安妮于 1994 年 8 月 2 日出生，案发时 16 岁，是四个孩子中成绩最好的，当时在一所私立天主教学校学理科，长相漂亮的她还会给邮购商品册子做平面模特。朋友评价她对天主教很虔诚，善解人意、有亲和力。

最小的孩子伯努瓦于 1997 年 5 月 29 日出生，案发时 13 岁，和姐姐安妮在同一个学校念书，他和二哥一样喜欢打鼓，总是让家里吵吵闹闹的。

在外人眼中，这一家六口人都很阳光，相亲相爱，留下了很多快乐的照片。但 2011 年春季的一天，他们却一同消失了。

2011 年 4 月 11 日（周一）下午 2 点，一个女邻居路过 55 号大门，发现邮箱上贴了一张字条，写着："请把邮件退回寄件人，谢谢！"

她觉得很奇怪，抬头看，发现泽维尔家所有的木质百叶窗都合上了。她和这家人很熟悉，知道平时无论何时他们家的百叶窗都是打开的，哪怕全家外出度假也是如此。

她顿时觉得不对劲。

周二、周三，她经过 55 号时，发现一切依旧如此，而且安妮丝的车也一直停在街边，未被挪动。她不禁越来越奇怪：这家人去哪儿了？

周三（4 月 13 日），她报警了。

警察来到舒曼大道 55 号按门铃，无人应答，他们便找来锁匠把门打开。

房子里空无一人，他们养的两条拉布拉多也一同不见了。屋内部分家具、日用品被清理，看上去并没有打斗、乱翻的痕迹。这家人的车少了一辆雪铁龙 C5。

警方初步判断，他们一家人开着那辆雪铁龙 C5，带上大量行李搬走了。

可是那辆小小的 C5 怎么可能塞得下六个人、两条狗，还有那么多行李呢？

2. 叛逆的伯爵

警方在调查中发现，虽然这对夫妇看上去是虔诚的天主教徒，但他们的生活其实并没有那么循规蹈矩，他们的秘密之一是：大儿子亚瑟并不是泽维尔亲生的。

这是怎么回事呢？要了解泽维尔，就得从他的童年说起。

泽维尔的父亲伯纳德 - 胡伯特·利贡内斯伯爵是个工程师，毕业于法国国立高等机械与航空技术学校。伯纳德和妻子吉纳维芙一共生下三个孩子——大女儿维罗妮卡、儿子泽维尔，以及小女儿克莉丝汀。泽维尔于 1961 年 1 月 9 日出生，是家里唯一的男孩，也是伯爵爵位继承人。

泽维尔从小生活在上层天主教社交圈。他的家族虽然富裕、有地位，但思想僵化、守旧。而他的父亲伯纳德偏偏是个花花公子，喜欢冒险，无法适应这种沉闷的宗教生活。

于是，在泽维尔 10 岁那年，伯纳德便抛妻弃子，一去不返。

泽维尔和姐姐妹妹住在凡尔赛的一套公寓里，由奶奶和母亲吉纳维芙抚养长大。

泽维尔的母亲吉纳维芙是一个狂热的天主教徒。在这种家庭环境下成长，泽维尔也从小被灌输了宗教思想，他的外表、举止符合贵族传统，但他的内心其实更接近他的父亲，向往冒险和自由。

在 1981 年，20 岁的泽维尔遇到了来自凡尔赛的 19 岁女孩安妮丝。安妮丝的家境优越，父母分别是律师和建筑师。安妮丝疯狂地喜欢上了泽维尔，两人恋爱了，并于 1989 年订婚。

但没过多久，泽维尔却悔婚了。他提出想去外面的世界见见世面，和安妮丝分了手。

泽维尔和一个男性朋友米歇尔（Michel Rétif）一起去了美国。两人沿 66 号公路自驾，在 18 个月间游览了 48 个州，几乎跑遍了美国。

据朋友回忆，泽维尔其实是在订婚后不久，遇见了和自己同龄的德国女孩克劳迪娅，并为她深深地着迷。他的悔婚也和这段感情有关。

泽维尔和克劳迪娅差一点结婚，但不知为何，两人最终还是分了手。而吉纳维芙对儿子在美国迟迟不归很生气，命令他必须回法国。

泽维尔最终敌不过家庭的压力，于 1990 年回到凡尔赛。

此时，他的前女友安妮丝已经怀了别人的孩子，但依然是单身。1990 年 7 月 7 日，安妮丝诞下一个男孩——亚瑟（没有查到亚瑟的父亲是谁）。

在那个年代，在宗教气氛浓厚的凡尔赛，未婚先孕可不是光彩的事。安妮丝为何没和那个男友结婚？或许，她还是放不下泽维尔。

1992 年，31 岁的泽维尔娶了单亲妈妈安妮丝，并收养了 2

岁的亚瑟，让他跟自己姓。这在当时算得上惊世骇俗的决定。

有朋友说，这是泽维尔妈妈的命令。但我对这点表示怀疑。无论是反对婚前性行为的天主教，还是保守、封建的家族文化，都不太可能鼓励这种行为。

或许泽维尔和安妮丝重逢后，对她还有感情，再加上此前分手对她有愧疚感，所以决定承担起责任。而且以他的叛逆个性看，他不会在意那些清规戒律。

安妮丝与泽维尔结婚后，先后在法国的多个城市定居，其间又生了三个属于他俩的孩子。

泽维尔对美国文化念念不忘，总想着移民美国。1998年，他又独自去美国待了半年，为全家搬迁做准备。2002年，他带着全家人，以及米歇尔，开着房车一起周游美国，在九个月后到达热情奔放的迈阿密，准备在那里定居。

但最后不知怎么，他们又打道回府了，这么一折腾几乎花完了所有的积蓄。

最终，他们一家扎根法国南特，过上了平静的生活。

那么，他们回到法国也有许多年了，一家人怎么会在2011年突然消失呢？

在接到女邻居报案后，警方才得知，泽维尔的妈妈和姐姐、妹妹在前几日都收到了一封告别信。

告别信打印了满满四张纸，落款日期是 4 月 11 日（实际应该更早），落款人是泽维尔一家六口人的名字，但没有签名。

> 嘿，大家好！
>
> 大大的惊喜！因为一系列特别的处境，我们不得不立刻起身去美国，我下面会解释。
>
> 你收到这封信，是因为接下来几年，出于安全考虑，我们无法用其他方式交流（没电子邮件，没短信，没电话）。
>
> 当你读到这封信时，我们已经不在法国了，在未来未知的一段时间（几年）内也不会再来。
>
> 你肯定想知道到底发生了什么。故事是这样的……

接着，泽维尔首次对家人讲述了一个离奇的故事。

3. 诡异来信

泽维尔于 2003 年在迈阿密创办了一个公司，希望能通过新成立的公司赚到钱，再通过投资移民或者公司高管身份一类途径移民美国。

虽然他们一年后回来，自称因为不喜欢美国疫苗，而主动放弃移民，但身边了解他的人心知肚明：他是公司没做成，不符合移民资格。（或许也因为时机不对。2001年9月11日发生"9·11"事件后，美国政府格外收紧了移民和签证。）

如今，他在信中说，其实他在迈阿密时美国缉毒局私下联系了他，想找一个法国人当卧底，回到法国的夜店去获取关于毒品交易和网络洗钱的信息；由于泽维尔经常会去不同城市出差并接触那些夜店老板，所以是理想人选。接着，泽维尔通过测试，获得了这份秘密工作。

他在信中开玩笑道："这是我们返回法国、没在迈阿密定居的真正原因，而不是因为美国疫苗对孩子有害。那些至今没'接受'那个'假'理由的人可以放心啦，他们是对的！（笑脸）"

泽维尔称，他为了接近那些夜店，创建了自己的公司（SELREF），这也让他有了份兼职收入，因为正式（卧底）工作的报酬远远不够支撑他们的开支。即使有了SELREF的现金收入，他们也"不时体会到暂时的财务困难"。

写信的前一日他得知自己的卧底身份已经暴露，必须采取紧急行动，秘密转移去美国。他们将作为证人在美国参加开庭，把那些毒贩绳之以法。

"我们不再是法国公民。我们会和其他美国公民一样生活。"

他说这次搬家的好处是，绝对安全，美国政府会在财务上照顾他们，他们会受到联邦证人保护项目的保护，并可以在美国生活了；坏处是由于要保密，孩子们没法使用脸谱（Facebook）等社交媒体，很不高兴。

他还让亲属帮忙停掉水电煤及网络账户，并在 5 月 31 日前去他家帮忙把剩余的东西处理掉，其中 70% 的东西都可以扔进垃圾桶，但他对其他一些物品，如小船、乐器、高尔夫球棒等都有了细致的安排，这个谁可以留着，那个可以送给谁。他还特意提到，在后院露台下面有些碎石，是本来就在那儿的，不要去碰那块地方。

他让亲属统一口径，对其他朋友声称，他们将搬去澳大利亚工作。

"我们希望这个过程不会拖上很多年。从现在起，再过一阵子，我们就可以给你们寄信，提供更多信息……当然，在被迫分离的日子里我们会一直惦记你们。照顾好自己，我们有那么多的故事晚些想讲给你们听！"

信的措辞很随意，有时像自顾自唠叨，但幽默和跳跃的文风确实符合泽维尔本人的风格。难道真的像泽维尔所说的，他们全家突然秘密移民美国了吗？

但安妮丝的父母却不信这封信上的内容。他们认为无论出于什么原因移民，安妮丝都不会和自己的父母不告而别。

而泽维尔的母亲和姐妹们都担心，泽维尔一家会不会遭遇了不测，而这封信是泽维尔受胁迫寄出的，为了稳住家人，不让家人报警。

要解开谜团，当务之急，是找到失踪的六口人。

警方带着疑虑，又去舒曼大街 55 号现场勘查了五次，想找到一些线索。他们把屋内和后院都检查了许多遍，没有找到可疑的血迹、指纹、脚印等。

他们发现，泽维尔家墙上的相框都还在，但照片全部被人取走了，仿佛要抹掉这一家人存在过的痕迹。家中倒确实留有一封信，提及全家人将移民澳大利亚。

4. 他们在这里!

2011 年 4 月 21 日上午，警察们进入 55 号，开始第六次现场勘查。同时，地方检察官正在召开新闻发布会。

　　这起离奇的全家失踪案已经引起了媒体关注。检察官对记者们说，警方已向全社会发出寻人启事……正说着，他的电话响了，是正在 55 号勘查的警员打来的。

　　检察官接完电话后，突然中止了新闻发布会，匆匆离开，留下一脸错愕的媒体人员。

　　原来，这家人找到了！

　　在 55 号的后院伸出一片露台，露台下方是一块低矮的空间，有几平方米，普通人得猫着腰才能进入。还记得吗？冗长的信中提了一句，不要去动这块地方。

　　警方多次勘查后，只剩这块水泥地没被细致检查过了。这里看起来很不起眼，放了垫子、修理花园的工具、水壶、狗盆等杂物。

　　警察们用铲子一铲，只有一厘米厚的水泥很容易就被铲开了，下面铺了一张墙纸，再往下是生石灰、碎石、泥土……

　　警察顿时紧张起来，打开了摄像机。果然，他们掘到了一个黑色垃圾袋，割开垃圾袋，看到了一条腐烂的人腿。

　　持续到那天黄昏，几个人和两条拉布拉多的尸体都被挖了出来。

　　这些尸体先被人裹在毯子和被子里，然后被人用绳子捆扎起来，再放入大号垃圾袋。

每个尸体旁边都放了一个宗教圣像、一个小蜡烛和一串十字架。这些是天主教信徒下葬时会放在棺材里陪葬的物品，显示有人似乎在按宗教仪式安葬他们。

其中，安妮丝和三个孩子（大儿子亚瑟、女儿安妮、小儿子伯努瓦）的四具尸体，以及两条狗的尸体，是放在一个坑里的。而二儿子托马斯被单独放在另一个坑里。

但清点后，警方发现还少了一人，那就是他们的父亲泽维尔。

5. 证据指向

第二天，尸检报告就出来了。五个受害人每人头部都至少被射入两颗子弹。他们身上都穿着睡衣，没有任何挣扎、抵抗的痕迹。除了安妮丝，其他人体内还发现了安眠药成分。警方因此推断，他们先被下药睡着，随后在睡梦中被人用 0.22 英寸口径的来复步枪爆头。

警方称该作案手法如同"五次有条不紊的死刑处决"。

那么泽维尔在哪儿？他也一同被杀害了，还是被绑架了？随着调查深入，警方却惊讶地发现，越来越多的证据把矛头指向了泽维尔！

警方还原了这家人在案发前后的活动。

泽维尔前不久刚从去世的父亲那里继承了一支来复枪，与凶器型号相符，而此刻这把枪也一同消失了。

差不多在邻居报警前一个月，泽维尔购买了来复枪的子弹，也和尸体体内的子弹一致。

邻居声称没有听到任何枪响，而警方发现泽维尔曾买了一个适合那支枪的消音器。

警方在泽维尔家找到的收据显示，3 月底的一天，泽维尔开车 3.5 个小时，前往距离他们家 320 公里远的一家小店，买了一卷大号垃圾袋和一盒黏合性塑料地砖。这些东西在家附近就可以买到，他跑这么远，或许是不希望购买时被熟人撞见。

4 月 1 日，大儿子亚瑟离开了正在读书的大学，却没有去他平时工作的比萨店领取上个月的薪水。他的老板还在纳闷呢，亚瑟以往都是每个月第一天就来领工资的，从不会迟一天。

4 月 2 日，泽维尔从不同的店买了四包 10 公斤重的生石灰、铲子和锄头。

4 月 3 日（周日），有个男邻居声称这是他最后一次看见安妮丝。

当天晚上，有人看到这对夫妇和三个孩子（大儿子亚瑟、女儿安妮和小儿子伯努瓦）一起去看了场电影，随后在南特的一家餐厅共进晚餐。二儿子托马斯因为在昂热上学，没和他们在一起。

晚上 10 点 37 分，泽维尔回到家中，在他妹妹克莉丝汀的座机上留言，说："我们这个周日傍晚一起去了电影院，然后是餐馆，我们刚回来——我只是想打电话问问你是不是太晚了，还能不能和你聊天。现在我看到它进了语音留言……无论如何，给你送上我的爱……如果还不太晚，给我回个电话或者发条信息，我会打给你。好了，我要去哄孩子们上床睡觉了。向每个人问好。很快再见你！……或许吧……"

警方推断其他四人就是在那天晚上被枪杀的。上馆子、看电影似乎是"行刑"前给被执行人最后的享受。

再回过头看泽维尔在座机上的留言，他说要哄孩子上床睡觉，但泽维尔最小的孩子也 13 岁了，最大的已经 20 岁了。再结合孩子们体内都发现了安眠药，他这句话让人毛骨悚然。

警方判断全家人在那晚遇害的另一个原因是，安妮丝平时患有阻塞性睡眠呼吸暂停低通气综合征，每天晚上睡觉时都必须在脸上罩一个面罩辅助睡眠时呼吸。但这个仪器显示，4 月 4 日的凌晨 3 点，它突然中止工作。当时肯定发生了什么，惊醒了安妮丝，或者是有人强行关闭了仪器，趁安妮丝缺氧昏厥时，对她的脑袋开枪。

4月4日（周一）早上，安妮和伯努瓦就没再出现了。泽维尔替他们向学校请了病假。

泽维尔当天和他的妹妹通电话，闲聊了二三十分钟。克莉丝汀事后回忆，一切听上去都挺正常的。

那天，泽维尔去昂热找托马斯了。当天晚上9点，他们两人到达昂热附近的一家高档餐厅。泽维尔点了35欧元的推荐套餐及半瓶红酒。托马斯点了一条鲈鱼和番茄汁，两人花了70多欧元。餐馆服务生记得，这对父子在用餐期间几乎没怎么交谈，托马斯在快吃完时显得身体有些不舒服。

在其他家人死亡后，此时只剩这对父子。泽维尔请托马斯吃大餐可能也是一种"行刑"前的补偿。

但或许，泽维尔动摇了，亚瑟不是他亲生的，托马斯作为长子，将继承爵位，自己真的要把留在世上的一切都斩断吗？所以那天晚上，泽维尔撇下托马斯，独自回南特了。

4月5日，泽维尔终于还是下了决心。托马斯在昂热的一个朋友家玩，原本打算在那儿过夜，但泽维尔突然打电话给他，叫他赶紧回南特，因为安妮丝骑自行车出了车祸，昏迷住院了。托马斯十分担忧，匆忙和朋友吃了饭，便搭火车回南特，到家时大约晚上 10 点。

警方推断，托马斯当晚被杀。

4 月 6 日（周三），朋友联系托马斯，但后者只是简短地回复信息说："我不去你那儿了，我病了。""真的病了，我不去上课了。"目前来看，更可能是泽维尔用儿子手机回复的。

当天，泽维尔给他妹夫留了一封电子邮件，称："一切都很好，你很快会从克莉丝汀（妹妹）那儿听到更多细节。先再见啦。祝一切都好。"

他给他母亲和姐妹各发了一封邮件，显示 IP 地址也在舒曼大街 55 号。他给自己合作了八年的公司留言，声称自己要搬去澳大利亚了，向他们问好和道别。

4 月 7 日，泽维尔很忙。有邻居看到他把大包小包的行李搬到车上，持续了两个小时。

他还终止了房子的租约，关闭了全家人的银行账户。

同一天，由于好几天联系不上亚瑟，亚瑟的女友到家里来找他。她到达 55 号后敲门，看到一楼的灯亮着，家里出奇地安静，两条拉布拉多也没有吠。

据邻居回忆，就在前几天，泽维尔家的两条狗连着狂吠了两个晚上，但此后再也没有传来狗叫。

从上文看，指向泽维尔的证据很明显：

一、枪、子弹、消音器皆属于泽维尔。

二、用来装尸体和掩埋尸体的垃圾袋、生石灰、铲子、锄头都是泽维尔本人采购。

三、死者得到安葬。警方早先推断凶手可能和他们认识，并且有一定感情。

四、凶手留在现场长时间进行打扫。房间、浴室、客厅都被打扫得特别干净，警方最终只找到几个疑似血迹的褐色斑点。

五、其他家人都"消失"后，泽维尔独自、自由行动，做收尾工作。

但泽维尔的母亲始终相信儿子是无辜的。她告诉记者，儿子一家以前曾收到过死亡威胁，儿媳妇不得不换了电子邮箱和手机号码。她认为是有仇家害了儿子一家。

不然，精神正常的儿子有什么理由杀害自己最爱的家人呢？

6. 作案动机

当警方宣布泽维尔为嫌疑人后，许多认识他的人都无法相信。譬如有朋友知道泽维尔经常腰痛，认为他不可能弯着腰，在露台下面那么低矮的空间内长时间挖坑。有个女性友人说泽维尔绝对是个好爸爸，他经常花时间陪伴孩子，照顾他们，把他们抱在怀里。

在大家眼中，他有爱、性格开朗、外向，很会关心人，没有任何暴力倾向。

泽维尔表面春风得意，但其实他的 50 年，可以总结为"一个没落贵族想要逃离却被困住的一生"。

他童年时养尊处优，家庭富裕。虽然缺失了父爱，但他生活在一群女人——奶奶、母亲、姐姐、妹妹中间，受到大家的疼爱。

他从小对自己的贵族血统很自豪。他曾说过："我想我是有优越感的，你可以这么说……我属于一个智慧的、有决心的、和谐的、道德高尚的、体质健康的群体，这样的人在大众中间可是很罕见的。"

没错，他确实继承了好基因，英俊、聪明，可惜的是，他的出生即人生最高点，此后一生都在走下坡路。

他和姐妹们高中毕业后没有继续念大学，而他此后一直没有正儿八经的事业。

他的妻子、母亲、姐妹都是虔诚的天主教徒，但他却喜欢美国自由开放的流行文化，是猫王和好莱坞演员史蒂夫·麦奎因的粉丝。有网友发现，他在杀害家人几天后还用家里的 IP 地址登录了某天主教在线论坛，与宗教人士唇枪舌剑，质疑自己的信仰。

2003 年泽维尔移民失败，回到法国后创立公司 SELREF，还是照他以前的点子，想建立一个为酒店和餐馆服务的网站，业务员可以从中提成。

他当时怀有雄心大志，一度雇了六个员工，自己也在法国各地出差，试图说服各个餐馆、酒店的老板加入这个网络。

他在告别信里吹牛自己是为了卧底工作才办的这家公司，并且有现金收入，实际是，SELREF 很快便支撑不下去，员工都被遣散了。

40 岁出头的他连续创立了三四家公司，但这些公司全都没什么业务和收入。

泽维尔装作事业成功，但其实案发前，他一直靠贷款、信用卡、借钱度日。他们的房子是租的，泽维尔身负许多债务，在法院也有几桩民事诉讼的官司。恐怕安妮丝和家人都不知道泽维尔的真实财务状况。

泽维尔还曾向以前的情人克莉丝汀（和他妹妹同名）借了 5

万欧元，但他在给她的告别信里说要搬去澳大利亚，再也不回来了，意思是这笔钱也不可能还她了。

　　甚至在案发后没两天，就有法警上门追讨2万法郎的债务。没人知道他到底欠了多少钱，这个数字应当非常庞大。泽维尔应该已经预感到，他的财务状况很快会爆雷，一旦法院强制执行，他们一家人可能就会被迫搬离现在的住所，他也将遭到他人的嘲笑。

　　有人或许会问，他不是贵族家庭吗？他作为唯一的男性继承人，怎么没得到家族资助呢？

　　事实上，到他父亲那一代，钱已经被败光了。

　　案发三个月前，2011年1月20日，老伯爵突发心脏病死亡。

　　前面说到他父亲年轻时就抛妻弃子，去过花天酒地的生活，对家人不闻不问。到了晚年，他的境遇凄惨，独自租了一套公寓，经历了病痛、孤独和贫困。

　　泽维尔得到死讯后，立刻前往父亲租住的公寓翻找财物，可一分遗产都没找到，他当时恐怕彻底绝望了。

　　虽然父亲去世，他可以继承伯爵爵位，但这个华而不实的头衔对他的生活毫无帮助，反倒像是一种嘲弄。

　　他最后只找到了那枚珍贵的伯爵家族印章戒指和一支0.22

英寸口径的来复枪。这对他或许是一种象征，荣耀和死亡，他只剩下两个选项。

后来他就是用这支来复枪杀死了他的妻子、四个孩子和两条狗。

除了经济困境外，泽维尔和妻子的感情也没那么亲密。据朋友说，泽维尔曾有过几个情人。

比起安妮丝，他真正在意的似乎是那个德国女子克劳迪娅。两人一直保持着联系，他甚至时不时会撇下家人，独自前往德国的汉诺威市找她。安妮丝对此很吃醋，但泽维尔安抚她，他和克劳迪娅只是朋友关系。

在案发前一个多月，克劳迪娅还带泽维尔去见了他们在80年代认识的四个老友。设想一下，心高气傲的泽维尔如果看到昔日的朋友们混得都比自己好，会有什么样的感受？

案发后，网友们挖掘到，安妮丝早在2004年时曾在某个宗教论坛上发帖称，她的婚姻冷漠、军事化，她的丈夫甚至对她说"一个家庭集体死亡不是个灾难"。

2004年正是泽维尔人生刚陷入低谷的时候，美国梦破灭了，公司又屡战屡败。可见他的这个念头不是一朝一夕形成的，而是在案发七年前就已经出现了。

在 2004 年夫妻感情出了问题后，安妮丝转头向两人共同的好友米歇尔诉苦。这两人之间逐渐发展成了婚外情，而泽维尔也都知道了。

这段三角恋维持了几个月，直到安妮丝和米歇尔分手。

当泽维尔获知自己的妻子和最好的朋友出轨是什么感受？虽然他似乎并不在意，依然和米歇尔维持着友谊，但他的内心一定是有挫败感的。

这种挫败感可能不是来自争风吃醋，而是来自自我价值的幻灭。以安妮丝和泽维尔的交往看，泽维尔会认为自己是拯救安妮丝的人，是她的英雄，但最后他却发现，原来有人是可以替代自己的，自己并非她的全部。

虽然到 2011 年案发时，那次出轨风波已经过去五六年，但它可能会和其他一系列事件一样，让泽维尔更加质疑自己的人生价值——这个世界似乎并不需要自己。

从以上信息看，泽维尔犯下多重谋杀的动机已经很明显了。

他的人生经历了巨大的落差，到了其他人硕果累累的中年，他反而穷途末路。他没有勇气告诉家人自己残酷的财务状况。他或许认为这会毁灭他在孩子、妻子心目中的英雄形象，会遭到世人的嘲笑。

泽维尔早先就在给朋友的信中写道："如果出了差错，我只有两个选择：开车撞死我自己或者趁全家人睡觉时放火烧了房子……附：我说这话是认真的，头脑清醒，没受毒品或者酒精影响。因此在 8 月底 9 月初，我就要做最终决定了：是独自自杀还是集体自杀……"

7. 案发后行踪

那么此刻泽维尔去哪儿了呢？

警方通过调查他的信用卡消费信息发现，这个"处决"了自己妻子、孩子的杀手并没有死，而是安顿好一切后，往南自驾去了。

4 月 11 日，他于傍晚到达法国南部的布拉尼亚克（Blagnac），那个城市距离南特有 6 个多小时车程。他在傍晚入住一家廉价旅馆，并用信用卡付了账单。

4 月 12 日，泽维尔来到法国东南部的沃克吕兹省的勒蓬泰（Le Pontet），用假名罗兰·泽维尔（Laurent Xavier）入住旅馆，但依然是用自己的信用卡付款。

4 月 13 日，泽维尔来到了法国东南部瓦尔省的滨海拉塞讷（La Seyne-sur-Mer），他在 80 年代的时候曾在这个小镇上生活过。当晚他还联系了自己年轻时的一个女友，但并未和她见面。

也是在那天，警方接到邻居报警后进入了空无一人的舒曼大道 55 号。

4 月 14 日，泽维尔来到了海边小镇阿尔让（Roquebrune-sur-Argens）。在去南特前，他们一家人曾在这个小镇居住过一阵子，他对当地十分熟悉。

他在 ATM 机上取了 30 欧元。

那天晚上，泽维尔入住镇上的连锁旅社 Formule 1。

第二天，4 月 15 日，泽维尔退房，把自己的汽车留在旅馆停车场。

酒店的监控拍到，他只扛着一个长条形包离开，里面看似装了那支来复枪。他走出旅馆后，独自向山区走去。

这是他留给世界最后的影像。

杀害自己全家人的凶手有两类：一类是自己本来就厌世，便拖上家人一同赴死，在谋杀他们后又去别处自杀；另一类则是为了甩掉伴侣、孩子后，开始新生活。

那么，涉嫌杀害全家人以及两条狗的泽维尔会何去何从？

8. 杳无音信

4 月 21 日，警方挖出了泽维尔的妻子、孩子的尸体，并于第二天在那家旅馆的停车场找到了那辆 C5，当时距离泽维尔住那家旅馆已经过去一周。他们开始在周边搜寻泽维尔。

那一带的地形非常复杂，有茂密的森林、溪流、悬崖、天然洞穴，以及开采矿石留下的山洞。如果一直向南步行两个多小时，还可以到达海边。

没有找到泽维尔，二十天后，警方发出了国际通缉令。媒体也纷纷报道这起骇人的灭门案。

又等了一个多月都没有发现泽维尔的踪迹，警方判断他可能藏在哪个山洞里。6 月 23 日，数十个洞穴学者搜索了 15 公里范围内的 40 个天然洞穴，依然生不见人，死不见尸。

一晃两年过去了。

在泽维尔消失地附近有一个老铅矿，留下一些采矿设施和矿洞，一直以来都有人怀疑泽维尔可能就躲在那里。

2013 年 4 月至 5 月，调查员带上了洞穴探险员，和经过特别训练的消防员组成了一支 50 多人的队伍，进入那里的矿洞进行彻底搜索，但一无所获。

2015 年 4 月，在泽维尔消失地附近，有人发现了一些人体遗骸，旁边还有发票和报纸，刚好是案发的 2011 年的。当时大家都认为，这八成就是泽维尔的尸体了！可惜，最后 DNA 检验还是否定了。

2015 年 7 月，法国南特的一个记者收到一封手写的信，落款是泽维尔，写着："我还活着，直到此刻。"随信附了一张亚瑟和伯努瓦的照片。但经过调查，警方认为是恶作剧。

同一年，埋葬五口人和两条狗的恐怖屋终于被卖掉了，交易价格为 20 万欧元。买家把它进行改造，过了几年再次出售，价格还翻了倍，涨到 48 万欧元。

十年多过去了，多次搜寻、全球通缉，泽维尔依然全无踪迹。

泽维尔自杀了吗？还是逃到其他地方，隐姓埋名，开始了新的人生？

由于这么多年都找不到尸体，有不少民众相信，泽维尔在杀害全家人后，一个人躲在哪儿花天酒地，过着他真正喜欢的自由不羁的生活，就像老伯爵一样。

网上的破案爱好者对此案也十分着迷，纷纷寻找着蛛丝马迹。

泽维尔的一部分朋友也相信，他只是躲起来了。他一路南行去阿尔让，正是因为那个海边小镇处于边境上，地理位置很特殊。从那里可以走陆路前往意大利或者西班牙，也可以走水路坐船去北非那些国家。

泽维尔会说英语、西班牙语和法语，他一直很喜欢美洲，因此朋友们认为，他可能穿越大西洋，跑去南美某个国家躲起来了。由于泽维尔的身材中等，长相也比较普通，要藏身人海也并非难事。

这些年来，虽然世界各地时不时有人报告说发现了泽维尔，但是最后验证全都不是他。

而负责此案的地方检察官则相信，泽维尔已经在某个地方自杀。

哪种情况更可能发生呢？这需要看看此前世界各地发生的同类型案件。

9. 三起案件比较

看了这个案子，我第一时间想到了没药花园微信公众号上发表过的台湾洪若潭焚炉命案以及花莲五子遇害案：这些案件都是男性凶手精心策划，杀害妻子、孩子、宠物后自杀。这类案件不同于那些吵架后冲动杀害所有人并自杀的类型。

为什么世界各地都有人（我见到的几乎都是男性）会通过谋杀加自杀这种极端而残暴的方式把自家给灭门呢？

要知道，这种行为既违背人的繁衍本能、利己天性，也违背世俗伦理和人类基本的道德、情感。

当我仔细看这几起案件时，发现这些凶手的犯罪心理画像竟有不少共同之处。比较他们的共同点，或许可以帮助我们更好地了解这种可怕的心态，预防这类案子发生。

一、凶手年龄都在 50 岁上下。

2001 年案发时，洪若潭 51 岁，是一家制造业公司的老板。2006 年花莲五子案案发时，刘志勤 48 岁，经营着连锁照相馆。而恐怖屋事件案发时泽维尔 50 岁。

为什么这个年纪的男性容易犯下这类极端的罪行？

古人说，五十知天命。这是一个一眼看透余生的年纪，一旦跌入谷底就很难有信心白手起家、从头再来。而这些凶手都心高气傲，无法接受就这样走完一生。

二、子女多。

令人惊讶的是，这些凶手作案前都养育着一个大家庭。洪若潭一案中，共死亡五口人（夫妻加三个孩子）以及两条狗。

刘志勤和第二任妻子以及第三任妻子林真米共生了五个小孩，共七口人死亡。在泽维尔的案子里，妻儿共五口人加两条狗死亡。

我想这不是巧合。一方面，这些男性喜欢生育那么多孩子，显示他们曾对未来信心十足，喜欢当大家庭的一家之主。另一方面，等他的境遇变差时，一大家子的学费、房租、宠物、信用卡消费十分庞大，都成了不可承受的负担，加速了他们的心理状态恶化。

三、作案前都有严重的财务危机。

洪若潭在遗书中只字未提经济情况。但警方发现，他以工厂设备和住宅土地作为抵押，陆续向一家银行贷款 2.6 亿新台币，光是利息一年就要 1600 万新台币，另有民间借贷 7600 万新台币，以及向地下钱庄借的金额不明的钱，债务如同深渊。次子的日记里也透露，爸爸曾向他表示后悔投资扩大工厂的规模。他在作案前一天还处理了十几笔欠款，最后银行账户上只剩下 100多元新台币。洪若潭若没死，恐怕下一步就会失去自己引以为豪的豪宅和工厂。

刘志勤也十分要面子，他虽然不得已向亲友借钱，但从没向任何人透露过他在经济方面有困难。各种信息显示，他生前经营

的"魔幻家族"拍照连锁店是亏损的，他和一个离职员工有 300
万新台币的经济纠纷。他把一家七口人唯一的住房卖掉后，又从
买家手上租了回来继续住，对外装作一切如常。但他拿到手的
320 万卖房款根本不够还债。案发后，警方发现刘志勤夫妇总
共办理了 17 张信用卡，全都刷爆，总债务高达 1600 万新台币，
而银行账上所剩无几。

庞大的债务或许不是这三个凶手唯一的困境，但肯定是悲剧
发生的导火索。

四、谋杀所有子女，一个不留。

怎么会有人连自己的亲生血脉都斩断？

洪若潭给三个孩子注射麻醉剂致他们死亡后，火化了尸体，
并把骨灰撒入大海。刘志勤把五个子女杀死后，用棉被包裹并捆
绑尸体，然后把他们像行李一样叠放在卫生间地板上。泽维尔喂
孩子和妻子吃了安眠药后，把他们枪杀，埋在后院。

刘志勤伪造为外人作案，而洪若潭和泽维尔都企图把谋杀孩
子说成是孩子们自己想死。

泽维尔把自己罪恶的谋杀行为美化为"集体自杀"。洪若潭
在写给妹妹的遗书中说："当你看到此信时，我们夫妻已带着孩
子离开这个丑陋的世界，三个孩子我们夫妻已照他们生前的愿

望，将骨灰磨成粉，撒入大海。"但这显然不是事实。几个孩子的老师、同学都未发现他们有轻生的迹象，他们都是被父亲骗回家后杀害的。

这几个凶手为何要剥夺孩子们刚刚开始的美好人生？

我常常见到的猜测是：凶手担心自己自杀后，家人会过得很糟糕，还会被追债，为了不让他们受苦，所以把他们一起带走，他这么做是出于"爱"。不排除凶手自己在意识层面是这么自欺欺人的，但我并不认为这是他们这么做的全部动机。

首先，洪若潭的大儿子在被杀时已经 24 岁，保送了物理系研究所，次子 23 岁，在父亲公司工作。刘志勤最大的孩子 19 岁，在新竹元培科大医事系读书。泽维尔的大儿子也已经 20 岁，在大学学计算机。他们都很优秀，经济独立，前途无量。如果说杀害未成年孩子是担心他们生活没保障，那杀害这些已经可以自谋生路的成年孩子显然说不通。

而且父亲自杀，孩子们到底是宁可跟着去死，还是靠自己继续生活下去？到底哪种才是痛苦？如果真有爱和尊重，难道不应该问问孩子们自己的选择吗？

我认为"不让家人留在世上受苦"只是凶手欺骗自己、让自己狠心动手的借口，其根本原因是他们不想让自己"丢脸"。

五、性格共同点：极度爱面子。

这些凶手父亲的性格各不相同，有的开朗，有的阴郁，但他们有个共同点，那就是极度爱面子。他们最关心的只有一件事，自己死后，包括家人在内的其他人若知道真相，会怎么看待自己。

洪若潭23岁的次子曾在日记上写："爸问我，如果他要去死，我会跟他去吗？""爸说，如果他死了，留我们三人，会被人瞧不起，但我不同意爸的看法。"

显然，洪若潭不是担心家人承受不了丢脸，而是自己光想象一下，就已经无法承受。说到底，他们不认为妻子、孩子是独立的生命个体，有自己的人生轨迹和对生命的感受，而认为他们都是自己的附属品，是自己生命的延伸。若自己死后，家人被人指指点点，也会令死去的自己蒙羞。只有带走自己留在世间的一切，才真的与这个世界一刀两断。我注意到一个细节，泽维尔和洪若潭一样，销毁了全家人所有的照片，想抹去他们一家人的痕迹。

此外，他们也害怕在自己死后，孩子们会发现他们的父亲原来是个失败者。在这三个案子中，凶手一直在家庭中扮演着那个权威的"英雄爸爸"。孩子们其实对家庭真实财务状况和父亲的失败并不完全了解。

所以，这些凶手的灭门行为实质是一种逃避，是用残忍的方式让时间定格在爆雷前的那一刻，以此逃避爆雷后不可收拾的场面，避免自己那个伟大全能的形象在亲人心中破灭，以保住自己的颜面。

有人或许会问，都准备去死的人又怎么会在乎别人怎么看自己？

你可别说，人的执念是很可怕的，生前放不下什么，别指望到死那一刻就能放下。要不然怎么会有那么多古人在意史书怎么记载自己？

六、故布迷局，误导世人。

这一类凶手也清楚，自杀在任何文化中都是弱者的逃避行为，特别是因为经济困境、走投无路而自杀，就更会被人议论和嘲笑了。所以他们一方面想逃避爆雷，另一方面又想通过制造离奇的死亡方式或者讲一个离奇的故事，来掩盖自己的失败和逃避。

洪若潭迷局的关键词：怪罪他人。

案发前两三个月，当地有不少闲言碎语，谴责洪若潭抢两个弟弟的财产住豪宅，母亲却捡破烂，这让洪若潭这样死要面子的人压力很大。但这不是他自杀的根本原因。如果他日子过得好好的，断然不可能在两三个月之间做出这么可怕的决定。

他在遗书中只字不提自己长期面临的经济困境，而是留给世界一封充满怨气的遗书，埋怨他的两个弟弟、偏袒弟弟的母亲、社会风气以及台湾政客。他这么做其实是在保存自己的尊严，我们一家生活很完美，我的事业很厉害，都怪你们误解我、伤害我，我们选择去死，是不想与"这个丑陋的世界"为伍。

刘志勤迷局的关键词：扮演受害人。

刘志勤制造密室，留下求救字条，把朋友抽过的烟头挪到现场，戴手套谋杀子女，抹去自己的DNA，故意转钱给房子的买家……都是为了制造有仇家杀害他们全家的假象。

他这么做是想留住面子，掩盖自己因为无力偿还债务而杀害全家的动机。他带妻子多活了一阵子后才自杀，恐怕也只是为了看看事态到底如何发展，世人到底如何评价自己。

泽维尔迷局的关键词：梦想成真。

和前两者一样，泽维尔也是一个自视甚高、把面子看得很重的人。

他希望家人收到信后，相信卧底移民美国的故事，又希望其他人以为他事业成功，移民澳大利亚；这样今后若有人想起他们，也只会在心中羡慕，他真的带家人过上了刺激、体面、富足的幸福生活。

因为他自信没人会找到尸体，所以没隐藏自己的踪迹，依然使用了 ATM 机和刷卡。他确实计划得很完美，可惜一个警觉的邻居先一步报警，引来了警察的介入。

谎言和梦一样，往往代表了愿望的达成。泽维尔留给世界的谎言完全是他的一个美梦。至于梦里的元素，FBI（美国联邦调查局）、卧底、缉毒，似乎都来自他神往的好莱坞电影。

这三个凶手犯下同一类骇人听闻的罪行，他们的性格有相似之处：爱面子，年轻时很有优越感，自视甚高，思维方式都有点完美主义倾向，控制欲强，以自我为中心。而他们的处境也很相似，人到了知天命的年纪，负债累累，看不到希望，人际关系也存在问题。于是，为了逃避自己形象的破灭，犯下了令人发指的罪行。

泽维尔还活着吗？

从刘志勤和洪若潭的结局看，泽维尔更大可能已经自尽。他或许会多留在世上一段时间，看看事态如何发展，但最终，当他发现一切都暴露后，很快会选择死亡。

他的迷局是最可悲的，是用最美的梦去掩饰最深的绝望和最骇人听闻的暴行。

犯下这种极端罪行的人是极少数，但许多人可能都曾处于人生困境，悲观愤怒。

人生的美丽和可怕之处都在于它的无常。我们不可能让一切尽在掌握之中，每个人在漫长的一生中都会遭遇低谷，更常有求而不得的时候。想要有一个平和的心态来应对人生的高低起伏，最重要的一点便是对自己诚实；第二点是对那些爱你的人诚实。

有时只有承认自己的失败和软弱，才能更好地与自己、与这个世界共处，才能看到那些爱你的人，并不会因此离去。

（作者：何袜皮）

2

美国女童可莉失踪案

我有次看到美国媒体的统计，在美国什么样的失踪案受害人最易被传播和报道，而什么样的最难引起关注？

结论是：白人女童的失踪案最受社会关注，尤其是那些长相可爱漂亮的白人小女孩的失踪，往往会引起全社会轰动。而最悄无声息的失踪者是黑人性工作者，哪怕有媒体报道了，也很难引发读者的兴趣。

这篇我要讲述的是一个引发了全美国关注的白人女童失踪案。这个两岁半的女孩名叫可莉（Caylee），长相可爱。

可莉的尸体最终被人发现了，而她的母亲凯西遭到了谋杀起诉。这起案件被《时代》周刊称为"社交媒体世纪审判"（Social-Media Trial of the Century），可莉的母亲凯西也一度被称为"最被美国人痛恨的女人"。

2008 年案发时，可莉是个两岁半的可爱女孩，生活在美国孩子们最喜欢的城市，佛罗里达州的奥兰多（拥有最多的主题公园），平日里和自己的母亲凯西·安东尼（Casey Anthony），以及外婆辛迪和外公乔治·安东尼住在一起。

2008 年 7 月 15 日晚上 8 点多，辛迪突然打电话报警，用一种奇怪的语法说："我家有个人需要被逮捕。"

接线员有些纳闷地问："这个人现在就在你家吗？"

辛迪回答："是的。我的女儿。"

"她为什么要遭到逮捕？"

她迟疑了一下回答："因为她偷了辆车。"

警方到达后，发现母女俩正互相朝对方尖声说话、吵闹不休，而夹在妻女中间的乔治试图安抚自己的妻子辛迪。

原来，凯西并没有偷车。辛迪报警的真实原因是，她已经有 31 天没有见到自己的外孙女可莉了。

那么可莉去哪儿了？为什么在她失踪一个月后，照顾她的三个成年人才报警？

1. 可莉失踪

安东尼一家是一个外人看来颇为正常的中产阶级家庭。辛迪是个注册护士，乔治是个警察，两人感情很好，育有一儿一女。凯西·安东尼于1986年3月19日出生，她还有个哥哥李（Lee），但关于他的资料很少。

凯西从小长相漂亮，性格外向、开朗，受到父母的宠爱。她成长为少女后社交活跃，谈过不少"小男友"（辛迪的描述）。

在凯西18岁时，有天一脸忧虑地向母亲坦白，自己怀孕了。

他们所在的佛罗里达州是允许6个月以下胎儿堕胎的。而从其他情节可知，凯西应当是到了怀孕后期实在瞒不下去，才告诉母亲自己怀孕一事的。

凯西起初十分担心遭到母亲责骂，但没想到辛迪不但没责怪她，反而还挺高兴自己要当外婆了，并鼓励凯西，她会成为很棒的母亲。

2005年8月9日，刚满19岁的凯西生下一个女孩，取名可莉。

女儿18岁未婚怀孕，父母不问孩子生父是谁，就开开心心地让她把孩子生下来，让人不解。后来我读到另一篇报道才发现，原来凯西从怀孕到生下可莉，一直是有男友的，而且两人也很快订了婚。这就不奇怪了。想必辛迪是觉得既然女儿有未婚夫，那么意外怀孕了自然可以先生下来再结婚。

可惜，这个孩子并不是那个未婚夫的。凯西的未婚夫格伦德

（Jesse Grund）是一个纽约牧师的儿子，认识凯西时 25 岁。在本案发生后，他曾接受采访，谈了他和凯西的这段感情。他声称他们 2005 年 1 月相识、恋爱，刚开始感情很不错。但一段时间后，格伦德就发现了凯西的另一面，她经常说谎，会背着他和其他男性约会，并偷他的钱。

相处几个月后，凯西突然发消息给他："我怀孕了，是你的！"之后格伦德和凯西订了婚。但到了 2005 年 8 月，凯西已经产下一女。

按这个时间线，格伦德刚和凯西交往时，凯西已经有了几个月身孕。格伦德当时就知道事情不对劲，但他依然在凯西生产时陪伴左右，并像对待亲生女儿一样照顾刚出生的可莉。

2006 年 6 月，也就是在孩子 10 个月大时，两人感情发生了变化，格伦德通过亲子鉴定确认自己并非可莉的生父。于是他解除婚约，离开了凯西。

至于可莉的亲生父亲究竟是谁，至今成谜。尽管凯西成了一名单亲妈妈，但辛迪声称她依然很开心，可莉让自己回忆起了当凯西还是婴儿时的美好时光。她承担起了照顾外孙女的许多工作。

凯西和父母住在一起，吃住开销都由父母提供，还有人帮忙照看孩子，大家似乎都很满意现状，又怎么会发生开头那一幕呢?

2008年6月16日,乔治和辛迪下班回到家后,就再也没见到女儿和外孙女回家。这两人突然一同没影了,辛迪和乔治自然十分担心。他们不断打电话给凯西,但凯西声称自己在附近的城市坦帕出差,没法回家。当辛迪想要和外孙女通话时,凯西总是以可莉正在保姆那里,或者正在游乐场等等理由拒绝。

事情一直拖到7月15日。那天乔治突然接到一个电话,通知他,他家的那辆白色旁蒂克(美国一个平民汽车品牌)被遗弃在奥兰多某处,后被拖车拖走,现在让他去交罚款取车。

他立刻警觉起来,因为凯西此前就声称自己是开着这辆车去坦帕出差的。赶去提车时,他和拖车司机都留意到,这车的后备厢里散发出浓重的臭味。乔治当了十几年的警察,立刻辨认出这是腐尸的气味。拖车司机后来也出庭做证:这就是尸臭。但打开车子后备厢,他们只在里面找到一只装有发霉比萨和其他垃圾的垃圾袋。

这对老夫妇慌了,他们给女儿的朋友们打了一圈电话,终于联系上了凯西。

原来凯西根本没去外地出差,那会儿正和新男友托尼(Tony)躺在他家沙发上,一边抽大麻一边看电视。凯西被父母勒令立刻回家。她一个人回到家后，受到了父母盘问。她这才说起，可莉已经失踪一个月了。

疼爱外孙女的辛迪获知这一消息立刻崩溃了，她拿起电话报了警，并和女儿凯西陷入了争吵，也就是警方刚到达时看到的那一幕。

2. 虚构角色

凯西是怎么向警察解释的呢？

她说自己是奥兰多环球影城的一个活动策划人，平日里工作很忙。6月16日，自己急着去和主管开会，便把女儿可莉放在了经常帮忙照看的保姆那儿。但当她下班去接时，那个保姆却和她女儿一起消失了。

那两个警察听到后都震惊了。这可是绑架啊，你作为妈妈没心急如焚地报警，而是过了整整一个月才由外婆报警？这个故事显然难以令人信服。

凯西说，她之后也试图找过，去了保姆曾带可莉去过的公园、超市寻找，但都找不到。她说她很怕回到家会被父母责备弄丢了孩子，便索性跑去了男友家住，接下来一个月都没敢回自己家。

她还说，她此前给保姆打过电话，都没接通。但今天她刚好接到了保姆打来的电话，得以和女儿说了一分钟话，知道女儿还活着。只是当自己再打回去时，提示音说那个号码停机了。

那她为什么这30天都没报警呢？她解释说是怕报了警会刺激保姆伤害可莉。

警方希望能赶紧找到这个绑架孩子的保姆。凯西说这个保姆名叫塞奈达·费尔南德斯·冈萨雷斯（Zenaida Fernandez-Gonzalez），大家都亲切地称之为"Zanny"。Zanny今年25岁，是美貌的黑人和波多黎各人种混血女孩，正在读大学，已经时不时地替她照顾可莉一两年了。

凯西当夜把警察带到了一个公寓楼前，指着其中一间说，这就是保姆家。警方敲了门，没人应答，再往窗户里一看，家具都被搬空了，显然已经无人居住。

警方到公寓楼的物业那儿一查，发现他们从来没有一个房客叫塞奈达·费尔南德斯·冈萨雷斯或相似的名字，而且那间屋子自从3月起就空置着，和凯西声称她在6月16日当天把女儿送到这里完全对不上。

警方问凯西，她知道女儿失踪后，曾对谁说起过此事吗？凯西声称，自己曾对环球影城的某某同事说起女儿失踪一事。但警方打电话给环球影城，发现凯西只在多年前在那儿打过零工，早已离职。

为了观察凯西的反应，第二天，警方故意提出让凯西带他们去上班的地方找她的同事询问。

没想到凯西真带他们去了环球影城。

办公楼的保安不让她进去，说他查了，没有一个叫凯西·安东尼的人在这里工作。凯西到此时依然没退却，而是理直气壮地指责保安弄错了，要求他一查再查。警方在一旁看得尴尬极了。

后来一个主管出来说："不，你不在这里工作，但既然警察来了，而且还和一个小女孩失踪有关，那你们就进来看看吧。"

警察索性想看看凯西演戏演到何时才停。

一行人进了办公楼后，凯西带他们去她"平时的办公室"。她在走廊上朝其他员工挥手、打招呼，好似很熟悉的样子，但那些员工全都一脸蒙。

她就这么带着两个警察一直往前走，直到走到那层楼的走廊尽头，被墙挡住去路，她才转身对两个警察承认："我不在这儿上班。"

凯西几年来一直欺骗父母说自己在环球影城上班，其实始终处于无业状态。

这个谎言被拆穿的过程很重要，它能够体现凯西到底有多么擅长和喜欢撒谎，又有多执着于自己的谎言。

警察带凯西回去继续审问，以为这下她心理防线应该破了，会说实话。但令他们吃惊的是，凯西依然坚持，最后见到可莉是和保姆 Zanny 在一起。

警察不得不摊牌：我们调取那个公寓的监控看了，你以前根本没去过那个公寓，而且也从没有一个叫这名字的人住在那儿。但凯西一本正经地回答："我向上帝发誓，我说的一切都是真的。"

当看到那个视频时，我对凯西睁眼说瞎话的本领都惊呆了。我在生活中也见过这类说谎者，哪怕你把所有证据都放在桌上，他们依然可以颠倒黑白。而习惯性说谎是很多人格障碍患者共有的特征。

凯西看上去并不担心女儿的下落，而且她故意误导警察，让他们朝着错误的方向调查，浪费了寻找失踪女儿的宝贵时间。她的一切行为在警察眼里越来越可疑。

7月16日，警方以"向执法部门提供假口供""儿童照管疏忽"和"阻挠罪案调查"的罪名，逮捕了凯西。

3. 谎言崩塌

那么凯西在女儿不见的 30 天内到底做了什么呢?

凯西是在可莉失踪的一个多月前(2008 年 4 月)刚认识了新男友托尼。据托尼的室友回忆,凯西在和托尼刚约会时,一周三次会带上女儿可莉,凯西看上去很关心女儿。但从某天开始,凯西突然不带可莉去约会了。

每当他们问起可莉在哪儿时,凯西总是称,可莉去外公外婆那儿了,或者去保姆那儿了。所以托尼和托尼室友也从来不知道她女儿失踪了。

托尼后来还出庭为检方做证,6 月 16 日,就在可莉"失踪"的那天晚上,凯西还和他约会,并看了两场电影,其间凯西显得很快活。此后的 30 天里,凯西每天和托尼混在一起,她没有对女儿失踪或者死亡表现出伤心,甚至没有一丝担忧和内疚。

托尼是个 DJ,那阵子他们的酒吧举行了"性感身材"舞蹈比赛,凯西参加了,穿着蓝色短裙在台上热舞,开怀大笑。那几天她还在自己后肩上文了身,内容是意大利语:美丽人生。

那么到底有没有保姆这个人呢?

警方在奥兰多大区确实找到一个叫塞奈达·费尔南德斯·冈

萨雷斯的女人。事实上当时全美国仅有 22 个人叫这个名字。但警方发现她是个中年妇女，不是 "25 岁漂亮女孩"，也没有黑人血统，没替人照顾过孩子，更不认识可莉和凯西。

整个保姆绑架的故事分崩离析。

警察在这时重新听辛迪的那几通报警电话录音，才发现在等待警察赶往她家的过程中，她其实还打了两通电话催促。她在其中一通电话中提到，女儿凯西的车里 "传出臭味，好像有一具尸体在里面"。

他们去安东尼家的车库找到那辆旁蒂克，车里依旧臭气熏天，闻上去是腐尸的气味。他们带去的搜救犬也确认，尸味来自后备厢。他们打开后备厢，发现了一些可疑的污渍、几根头发。根据专家对污渍的鉴定，车子后备厢曾放过一具腐烂的尸体，腐液往下渗透进了毯子。

虽然尚未找到尸体，但警方此时开始朝谋杀的方向调查。

而这时，辛迪也得知保姆的故事是假的，意识到女儿可能和外孙女的死亡有关。她为了保护女儿，从此改口称，车子后备厢有一大袋垃圾，臭味来自那里。毕竟，一旦确认她女儿车上放过尸体，这不就明摆着是说她女儿和外孙女的失踪有牵连吗？

这对老夫妇陷入了痛苦的抉择。他们想找到外孙女，替她伸张正义，但同时又想保护女儿。正如同乔治后来说的："我不愿去相信我抚养长大的某人会对另一个人做出什么事。"

当辛迪和乔治去看守所探望凯西，告诉她，听警察说可莉很可能已经不在人世后，凯西带着一丝冷笑连叹道："吃惊，吃惊。"

当辛迪想让她说出真相时，她变得情绪激动、面目狰狞，生气地控诉大家都不信她的话，抱怨现在的处境不受自己控制，自己的生活被人夺走了。简而言之，一切都是别人的错，自己是最无辜的受害人。而她的母亲听了很心疼，立刻叫着"甜心"安慰她。

最后，凯西一脸"诚恳"地说："我的直觉告诉我，她（可莉）还活着，就在不远的地方。"

4. 民众反应

这起案件刚发生时，媒体立刻嗅到了新闻爆点。一个年轻迷人的母亲，一个可爱的孩子，托付给最信任的保姆，保姆却带走了孩子……类似的噩梦随时可能发生在每个人身边。全美国各大媒体每天跟踪报道，像一部连续剧，吸引了全国观众的追踪。

但随着案子的进展一点点披露，观众的情绪很快从同情转为愤怒。

他们不敢相信，在女儿失踪的 30 天内这个母亲竟然没有报警，而是夜夜参加派对狂欢；在镜头中，她和警察以及父母交谈时，对女儿的下落表现得漠不关心；保姆的谎言被戳穿后，她依然不愿意说出实情……许多人相信，除了她是凶手，无法解释她的反应。

2008 年 8 月 21 日，在被关押一个月后，凯西被保释了。

替她交了 50 万美元保释金的陌生担保人，希望凯西能和警方合作，找到可莉。但没过几天，警方又以其他罪名逮捕了她。而她的父母在 2008 年 9 月 5 日提供了 50 万美元的保释金担保，又把她保释了出来。

得知凯西被保释的消息后，愤怒的民众聚集在安东尼家门口举牌抗议，诅咒凯西，责怪辛迪和乔治居然接纳一个杀害儿童的罪犯回家。

辛迪和乔治被伤透了心，他们一次次冲出门驱赶人群，和他们对峙。乔治甚至和个别抗议者扭打在一起。辛迪后来接受采访说，这些抗议者的极端行为和女儿的说谎行为一样，让她无法理解。

可惜，陌生人的攻击辱骂、担保人的倾囊相助、父母的殚精竭虑都未曾唤醒凯西，她依然拒绝说出到底发生了什么，以及可莉在哪儿。

2008 年 10 月 14 日，凯西被大陪审团起诉一级谋杀、严重虐待儿童罪、严重过失杀害儿童罪以及四项向警方提供虚假信息罪。她再次被捕，这一次法官不允许保释。

5. 找到可莉

自从可莉失踪后，警方带着警犬以及民间几百人自发组织的搜救队，在奥兰多周边多次搜索，但都一无所获。对可莉的搜寻扩大到了全美范围，通过媒体，其他州的观众也都认识了这个天使般的可爱女孩，关注着案件的进展。

2008 年 8 月 11 日，当凯西还在被关押时，水电气公司的抄表员曾给警方打电话，说他在安东尼家附近的树林里发现了一个灰色的包，旁边还有个头盖骨。可当时没人回他电话。12 日，他又打了电话，两个警察去树林里找了一圈，没看到他所说的包和头盖骨。

到了 2008 年 12 月 11 日，可莉失踪近半年后，发现可莉还没找到，抄表员再次给警方打电话。这次警察在树林里仔细搜查，终于找到了他说的包和尸骸。

尸骨从包里掉出来，散落在森林四处，应该是野生动物所为。警方花了四天才搜集完尸骸。

法医很快确认，遗骸正是已经失踪了半年的可莉。

尸体先被装在黑色垃圾袋里，接着又和一条小毯子一起被装在一个白色帆布袋里，由于已经白骨化，无法判断死因。头盖骨上残留着头发和一些肌肉纤维，并粘着一圈防水胶带，刚好在嘴和鼻子的位置。根据那个胶带，法医判断这是一起他杀。因为如果可莉是病死或者意外死亡的话，嘴和鼻子不可能被缠上胶带。

警方搜查了安东尼家后，认为他家就是第一现场。那个装尸体的帆布袋，是他们家的洗衣袋，因为家里还有只一模一样的。和可莉尸体放在一起的小毯子，也是可莉平时在床上用的。警方相信，这是一起谋杀，凶手就是可莉的母亲凯西。

此前说到，在找到尸体前两个月，凯西已经被起诉一级谋杀，并被收押了。在凯西被监禁期间，有狱友给她介绍了一个叫乔斯·贝兹（Jose Baez）的律师。这个律师后来在这起案子中扮演了重要角色。

当警方时不时地公布案件进展，诸多证据都指向凶手是凯西时，乔斯·贝兹则天天开新闻发布会，对公众说："当你们听到完整的故事就知道是怎么回事啦。凯西是无辜的，100% 无辜。"

本案开庭被定在 2011 年 5 月，也就是距离可莉死亡两年多后。因为关于本案的媒体报道实在太多了，很难在当地挑选出此前没受报道影响的陪审团，所以法院决定去其他城市挑选陪审团成员。

陪审团成员不能主动申请，而必须是被动选中。一般先从注册选民中随机抽取数十人作为预备陪审员，然后再由检方和辩方从这些预备陪审员中各挑六个陪审员。这么做，可以让对立双方挑选对各自有利的陪审员，在性别、种族、宗教等方面达到平衡。譬如，在一个白人杀害黑人的案件中，最终肯定不会组成一个全是白人或者全是黑人的陪审团，否则难免会被质疑判决的公正性。

有的庭审会持续几个月，陪审团在这期间被隔离，不能去上班，只有有限的时间见家人。这些举措都是为了防止他们接触任何有关这个案子的庭外信息，被干扰判断。陪审员一旦被选中，没有强有力的理由便不能推辞。

由于这起案件牵动人心，不少民众都渴望自己能被选中，但有个真被选中的陪审员却很不乐意，因为开庭的地方离他家有

100 公里。他在开庭前对某个记者抱怨了一通，结果被法院罚了 450 美元后踢出了陪审团。

2011 年 5 月开庭那天，因为想去旁听的人实在太多了，大家不得不在凌晨 4 点就去法院门口排队，还有人为了插队大打出手。

6. 庭审证据

检方起诉凯西一级谋杀罪，并寻求判处她死刑。本案的庭审过程很具有戏剧性，也令我揪心。

检方的理论是这样的：凯西是预谋杀害女儿。她在 6 月 16 日下午喂可莉吃了氯仿（chloroform，一种麻醉剂）后导致可莉陷入了昏迷，随后用胶带缠住可莉的嘴和鼻子把她捂死。接着，凯西把女儿的尸体装进垃圾袋，放进她最喜欢的小毯子，一起装进洗衣袋，放到汽车后备厢。然后她开着车去男友那里玩乐。一两天后她发现尸体已经开始发臭（奥兰多的夏天非常潮湿炎热），便把装尸体的洗衣袋抛弃在树林里。

有什么证据支持这个理论呢？

证据一，当然是凯西一系列反常的举动，表明她是一个谎话连篇、不负责任的母亲。凯西在整整一个月里对所有人隐瞒了女儿"失踪"的消息，也没有寻找。她莫名遗弃了自己的车，而车上散发着尸臭。被警察找到后，她还编出保姆绑架的故事浪费大家寻找可莉的宝贵时间。哪怕被捕，她依然拒不交代实情。

她的前男友托尼做证，凯西和自己在一起的 30 天非常快活。检方的理论的潜台词是：如果她不是凶手，孩子被绑架或者意外身亡，她都应该着急，只有当她自己是凶手时，才会有解决了麻烦的快乐。

证据二，发现尸骸的地方离安东尼家很近，就在他们屋后的那片树林里。用于抛尸的物品以及小毯子都来自她家里，这使得家庭内部人员作案的可能性大大高于外人作案。

证据三，鉴定人员在车子后备厢的地毯上取了一块面料去化验，虽然没有检测出血液和有效 DNA，但专家检测出了尸体分解时的某些化学成分。

这一条遭到凯西哥哥李的反驳。李此前开这辆车，他说由他买下这辆二手车时，车子后备厢内已经有这些污渍了。当然，他只能证明视觉上有这些污渍，不能排除尸体后来放置在这个位置，有分解物渗透进早就存在的污渍中。

证据四，鉴定人员在车子后备厢里发现了一团棕色头发，鉴定后认为它们很有可能属于可莉。FBI 实验室的专家凯伦·科斯伯格·罗威在其中一根 23 厘米的棕色头发上观察到了根发黑现象（root-banding），而司法鉴定专业人士以往就发现，只有腐烂尸体上的发根才有这种现象。

检方的逻辑是这样的：在凯西车子的后备厢找到了疑似为可莉的棕色头发，而这些头发又是属于腐烂尸体的，那证明可莉腐烂的尸体曾被放在凯西那几日开的车内。这能说明什么不言而喻。

证据五，专家还在凯西遗弃的车的后备厢里化验出了氯仿。警方在 2008 年 7 月没收了凯西的电脑，发现其 IE 浏览器自 2008 年 3 月起出现过 84 次和氯仿有关的页面，譬如"如何制作氯仿"。此外，还有人搜索了"家庭武器""扭断脖子"等等和谋杀相关的关键词。

他们认为凯西想要谋杀女儿的念头其实已经有一阵子了，最后选择的是用氯仿把女儿迷晕。

这时，辛迪作为辩方证人，反驳检察官说，这些其实都是她的搜索记录。她因为担心家里小狗吃了树叶中毒，搜索了"叶绿素"（chlorophyll），不知道怎么后来自动拼写跳成了"氯仿"（chloroform）。

但是她的证词又被检方证伪。首先，专家发现从没人在电脑上搜过"叶绿素";其次,这些搜索记录发生时,大多是工作日上班时间,而辛迪的考勤记录、她的主管证词和她的诊所电脑登录记录都证明她在上班。所以检方认为更可能,辛迪是为了保护女儿在法庭上撒谎。

证据六,检方认为凯西用防水胶带捂住女儿的口鼻导致她死亡。如果可莉是意外死亡,那有什么必要在一个死去的孩子脸上贴胶带?

专家取胶带的一小块进行化验,在黏的那一面发现了不完整的 DNA,不属于凯西或者可莉,不知道属于谁。在光滑那一面也发现了 DNA,属于他们实验室的一个工作人员,说明这胶带在实验室被污染了。无论如何,胶带是粘在可莉脸上的,怎么可能没有她的 DNA?说明当时 DNA 技术还不够先进,检测不到而已。

总体来看,检方的证据都指向了凯西,也指向这是一次谋杀,而不是误杀或者意外。

那么,凯西的动机是什么呢?既然朋友都说她很爱女儿,那为什么要杀女儿呢?

凯西的一个闺密做证说,凯西怀孕时曾透露,自己不想要这个孩子,想生下来后就送给其他家庭收养,可是她的妈妈不允许，说她必须留下这孩子。凯西当时 19 岁，住在父母的房子里，靠他们养活，只能听父母的话。

虽然未婚夫离开后，父母帮忙一起照顾孩子，但辛迪的全职护士工作很忙，又从未请过保姆，所以大部分时间还是需要凯西自己照顾女儿，这导致她出去约会也不得不带上女儿。

检方认为凯西觉得女儿是个累赘，占用了她太多时间，妨碍了她和新认识的男朋友寻欢作乐，所以痛下杀手。

那么辩方坚持凯西 100% 无辜的理论和证据又是什么呢？

7. 辩方理论

在开庭前，民众普遍觉得，凯西这一方这次必输无疑，他们永远不可能给出一个合理解释：凯西为何在女儿失踪 30 天内如此反应？但律师乔斯·贝兹却语出惊人："因为，她（可莉）从没有失踪。"

这是什么意思呢？

他的意思是：检方说得没错，凯西早就知道可莉死了，所以没报警、没寻找、没回家，只不过，人不是她杀的。

他的理论是：6 月 16 日上午，辛迪去诊所上班了，乔治和凯西在家，突然发现可莉不见了。乔治走去后院，发现可莉在室外泳池中溺亡。当凯西惊慌失措时，乔治对女儿说，她会因为儿童照管疏忽被捕，且会遭到辛迪的责骂。所以，为了帮助女儿，他处理了外孙女的尸体。他用塑料袋和洗衣袋装起了尸体，就和他以前处理宠物尸体一样，把它丢弃在某处。而那个水电气公司的抄表员为了获得悬赏奖金，故意把尸体搬去树林，假装发现了它。

也就是说，孩子是意外死亡，乔治丢弃了尸体，凯西则与此事完全无关。这个说辞让在场所有人都很惊讶，因为就连乔治和辛迪以前都从未听说过可莉是溺亡的。

乔斯·贝兹的辩护策略很聪明，他没有说是外面的绑匪绑架杀害了可莉，因为这样难以解释凯西为何不报警，以及和安东尼一家相关的证据。他要化解掉凯西的危机，只能借用检方的证据，牺牲家庭内部另一个人。

但这个理论还存在一些漏洞：如果凯西完全没责任，又为什么要骗辛迪和警方是保姆带走了孩子？为什么当她被逮捕、起诉谋杀，都坚持不说出这是个意外，而要应对一场费钱费时的高风险官司，输了会被判死刑？

接下来，律师的发言更惊人了。

他说凯西从小就被教会撒谎，而这一切都是从她 8 岁时她的父亲乔治走进她的房间猥亵她开始的……这种禽兽行为持续了许多年。为了配合这段话，凯西开始在证人席上抹眼泪。

陪审团和旁听席上的人听到这些突如其来的情节，都惊呆了。检方也从未料到辩护律师会出这么一招。

乔治当时坐在旁听席上，脸上露出愤怒，但并没有像大家以为的那样激动、吼叫。他相对克制的反应，让一些人怀疑，会不会律师说的是真的？

后来乔治接受采访时坚决否认乔斯·贝兹的指控。他说当自己听到律师这么说时，就想冲到法庭中央去揍律师，但他忍住了。（此后，贝兹还提到就连凯西的哥哥也性侵她。）

律师没有提供任何证人证词或者证物支持自己的理论。后来，当乔治站到证人席上时，大家都以为贝兹这下肯定会抓住机会问乔治性侵女儿的事，但想不到他只字未提。这说明他自己也知道是假的，担心一旦问到，乔治会否认或者反驳。

他反复问证人席上的乔治有关自杀的事。

原来，在等待开庭那两年，乔治曾自杀过一次。为什么要自杀？乔治说着哭了起来，他解释说自己最心爱的外孙女可莉死了，他怪自己没有照顾好她，女儿面临死刑起诉，而他也因为接纳女儿回家遭到攻击，外面全是辱骂他的人，他丢了工作后没能再找到任何工作。所以万念俱灰下，他服药自杀，后被人救下。

这本是个很伤心的故事，但乔斯·贝兹却坚持说，乔治是因为掩盖了可莉的死亡，心存内疚而自杀。

我其实更能理解乔治那种复杂而矛盾的心痛，最爱的人死了，而杀死她的可能是另一个最爱的人，他无法对外释放那种愤怒，只能自我向内攻击。但是陪审团很难从法庭上呈现的只言片语中理解这么复杂的情绪，他们刚刚听到他性侵女儿以及掩盖外孙女死亡的指控，更容易接受一个简单化的解释：他自杀是因为内疚。

在法庭上，乔治对贝兹一再歪曲他的意思表现得非常愤怒，几乎是咬牙切齿的表情，但他始终没有爆发。为什么他在法庭上一直都相对克制呢？

其实可以理解。因为在法庭上，他们其实是站在凯西和贝兹这边的，交了50万美元保释金，希望女儿能逃脱死刑。

在开庭前，贝兹就提醒乔治和辛迪，他们可能需要乔治"做出牺牲"，乔治不像大家认为的那么震惊，或许是因为他被打过预防针。

其实这种矛盾心理才是痛苦的，他的女儿通过攻击他来挽救自己，他受到了伤害却又不能反击，因为他也希望挽救女儿。

后来媒体公布了之前乔治单独探视凯西时的监控录像。凯西对乔治深情地说："你是最好的父亲，是天下最好的外公。"

此外，警方进行的亲子鉴定否定了一些人的猜测，即父亲乔治或者哥哥李是可莉的生父。凯西对不同人说过关于孩子生父的不同版本，但后来被证实可信度都很低，或许她自己也并不清楚孩子生父是谁，而孩子生父或许也并不知道自己有这个孩子。

8. 宣判

辩方提出了可莉偷偷溜进泳池溺亡的理论，和检方的证据是违背的。

一、可莉若真的溺水死亡，乔治又何须用胶带蒙住尸体口鼻后丢弃尸体？若不是乔治，又是谁蒙的？

二、尸体若当天下午就被乔治丢弃，凯西车子的后备厢里又怎么会留下那么重的臭味？辩方请来的专家提出，这个也可能是其他食物腐肉的气味，并且那个渗液也不是腐尸的液体，头发不一定是可莉的。双方专家各执一词。

我认为，辛迪等人都提及后备厢垃圾袋里有烂比萨，但如果仅仅是比萨上的那点肉，很难想象恶臭会这么久不散。如果是食物坏了引发臭味，凯西嗅觉又没失灵，没理由一直不扔垃圾，反而把垃圾留在车上，把唯一的车扔了。

三、若乔治对此知情，取车时就不会因为腐尸臭而警觉，和妻子疯狂地寻找女儿。

四、凯西若知道女儿死了，且完全不是她的责任，为何被警方关押一年多都不承认，而要捏造保姆，甚至一直骗大家可莉活着？……

总之，检方的理论不完美，但辩方的这个理论更经不起推敲。

但是，在经过11个小时的讨论后，陪审团做出了一个令人震惊的决定：凯西的一级谋杀罪、严重虐待儿童罪和严重过失杀害儿童罪全都不成立。

检方、记者、精神专家，甚至法官在听到宣判后对这个结果都表达了震惊。有个节目主持人说："有人出来了，恶魔今晚在跳舞。"

法庭外面满是抗议的人，质问对可莉的正义在哪儿。

由于美国法律中的双重危险条款（The Double Jeopardy Clause）禁止任何人因为同样的罪名被起诉两次，所以哪怕有新证据，凯西今后也不会被起诉谋杀可莉了。

有很多民众不服，觉得这届陪审团太蠢了，被凯西和乔斯·贝兹耍得团团转。后来一个陪审员说，他收到1000多封辱骂他的邮件，甚至死亡威胁。对于当时为何判凯西无罪，他认为责任在检察官："我不能说凯西是无罪的，但是检方没有证明她有罪。他们没有说可莉是怎么死的。"

那个检察官后来出了本书讲述本案经过，名为《未完成的审判》。书中埋怨这届陪审团，当控辩一方提出很有震撼效果的证据时，陪审员们个个表现冷漠、不为所动。比起案情，他们更关心的是自己的福利待遇，"他们兴致勃勃地讨论着电影情节与酒店的餐饮，为了吃饭和娱乐问题争执不休，却没有一个人关注过本案的证据问题，或者至少提出一些质疑"。

检察官花了很多力气证明凯西是个人渣、坏母亲，包括她在案发前几天对朋友说过，可莉是个讨厌鬼。但这种对品格的攻击，辩方找了凯西的几个朋友就轻轻松松化解了。他们称凯西是个关爱女儿的母亲，平时从没见过她打骂女儿。

当然，另外，我认为这个案子与其他案子都不同的是，受害人可莉的亲人们（外公外婆）本应该强烈谴责凶手，站在检方这边，但他们事实上是站在被起诉的犯罪嫌疑人这一方，不希望她被定罪。特别是辛迪，她还把一些对女儿不利的证据都揽到自己身上，这无形中也会影响陪审团的感受，弱化他们定凯西有罪的那种正义感。

最后陪审团仅仅决定凯西"对执法部门撒谎"等四项小的罪名成立。法官顶格判了她四年，并罚款 4000 美元。因为她自从 2008 年 10 月起就被关押等开庭，所以扣除那些时间，宣判后没几天就被释放了。

凯西出狱后，有人见到她和乔斯·贝兹等人喝酒，开心地庆祝。她的母亲辛迪也很激动："我在这个判决中获得了内心平静，因为我曾祈祷上帝彰显公正。"

那么凯西出狱后做了什么呢？

在关押期间，凯西就曾把女儿可莉的私人照片和视频独家卖给美国广播公司（ABC），赚了一大笔钱。

出狱后，凯西曾想让媒体付钱，购买她的第一次采访，但始终没谈拢，因为没有一家媒体愿意承诺站在她的立场。最后她没有像一些知名案件当事人那样从中赚到钱。她的前未婚夫倒接受了采访，并表示要出书。这遭到了凯西律师乔斯·贝兹的强烈攻击，说他只想捞钱。

凯西出狱后曾在豪宅里给人当住家保姆。

没过两年，关于她的惊人新闻又上了头条。

9. 私家侦探的证词

2013 年，凯西向法院申请破产保护，声称自己欠了 80 万美元债务，只剩下 1000 多美元资产。只要破产申请通过，她欠的那些钱就可以免掉，重新开始。她欠的钱主要来自这场官司，各种开庭费用、警方调查费用、税费、心理治疗费用……最大一笔是 50 万美元的律师费。此外，大家还记得那个她捏造的保姆吗？同名女子塞奈达·费尔南德斯·冈萨雷斯起诉她诽谤，要求她进行民事赔偿。

此后法院对她的申请进行调查。2015 年 12 月 15 日，乔斯·贝兹曾雇用的私家侦探多米尼克（Dominic Casey）为法庭提供了宣誓后的证词，主要聚焦于那笔最大额的律师费。当福克斯新闻和人物杂志等主流媒体拿到他的证词后，舆论立刻爆炸了。

多米尼克做证道：2008 年 7 月 26 日那天，乔斯·贝兹曾找到他说，凯西亲口承认谋杀了自己的女儿，并且把尸体随意丢弃在了树林某个地方。由于树林太大，又没具体定位，他需要多米尼克帮忙，务必赶在其他人之前找到尸体。

2008 年 8 月，多米尼克在现场照片上看到凯西家后院有个泳池，便首先想出来一个点子：编造可莉是在泳池里意外溺亡，凯西看到后慌了，处理了尸体。但多米尼克没想到，凯西和贝兹在他的故事版本上又做改动，到了法庭上变成责怪乔治处理了尸体。

多米尼克还在证词中说，律师贝兹看上去完全控制了凯西，有次凯西不想去参加贝兹帮她安排好的采访，贝兹就答应帮忙推掉，但条件是，"你现在欠我三次口交了"。

有天多米尼克去贝兹的私人办公室时，撞见凯西赤身裸体在里面。后来多米尼克告诉凯西："你不能再让律师继续这种行为。"但凯西无奈地说，她只能照律师说的做，因为她没钱付律师费。

媒体据此纷纷报道，凯西是用性来偿还律师费。贝兹激烈地否认，说他从未和凯西发生过性关系。

无论如何，这次内幕消息的暴露似乎坐实，凯西谋杀了女儿，并且和贝兹合谋栽赃自己的父亲。

2016 年，有人发现凯西正在和她这起案子的首席调查员帕特里克·麦肯纳（Patrick J. McKenna）恋爱。麦肯纳是个很有名的私家侦探，曾在辛普森案中找到关键证据，也为一些有钱的名人提供服务。凯西那起案子中，他也被乔斯·贝兹雇用为凯西做过调查。

2017 年美联社的一篇报道说，凯西和麦肯纳同居了。凯西如今自己开了一家咨询公司，并帮麦肯纳"处理网上社交媒体搜索和其他调查工作"。

而之后凯西除了和她母亲有偶尔的联系外，和她的父亲以及哥哥都互不往来。

10. 到底发生了什么?

2008 年 6 月 16 日，在可莉身上到底发生了什么?

2017 年，当年审理此案的法官贝尔文·佩里（Belvin Perry Jr）已经退休，他接受采访，谈了自己的观点。根据他在法庭上听到的信息，他认为凯西试图用氯仿来麻醉可莉，但没掌握好用量，导致可莉死亡。他认为这不是预谋杀人，而是严重过失杀害儿童。

纪录片《谋杀犯凯西·安东尼》（*Casey Anthony the Murderer?*）剧组采访了乔治和辛迪。当过十几年警察的乔治提到他观察到的一件事。

可莉是个健康的宝宝，但在案发前一个月，她有时会一次睡上 13 个小时不醒，而第二天又恢复正常作息。有时她长睡醒来后，眼睛下面会有一团乌青。

他直到后来才想明白，这很可能是凯西喂可莉吃了阿普唑仑（Xanax）而导致的。

我在美国的威斯康星州生活时，医生对阿普唑仑处方管理很严格。我因为一次急性焦虑症（panic attack）而常备这个药，2014 年时从国内带的药快过期了，就拿去给家庭医生看，希望她开个同样的。她警觉地盘问我怎么会有这个药，并且最终都没开给我，而是把我转去看心理医生。我偶尔把它当安眠药吃，吃完的感受是放松，随后变得嗜睡。

那么凯西在 2008 年是怎么得到这种药的呢？ Discovery Mood & Anxiety Program 网站显示，在 2005 年到 2013 年间，阿普唑仑是美国最常开的精神类药物。在那段时期很多人把它当街头毒品，用它加强酒精的效果。服用几分钟后，药物会进入血液，让人感觉肌肉放松，飘飘然，失去现实感，感觉到麻木和疏离，以及极度兴奋。

乔治说，凯西有些贩毒的朋友，手上可以搞到这个药片。而据一家媒体报道，凯西当时的男友托尼工作的夜店里，到处都是阿普唑仑，凯西也会在参加那些疯狂的派对前吃这个助兴。

这时节目主持人问乔治："Xanax 还有个俗名叫什么？"乔治顿了顿，沉下脸说："Xanny。"

听到这儿我感觉心猛地跳了一下。大家还记得吗？当时凯西编出来的保姆绰号叫 Zanny，和 Xanny 的发音是完全一样的！

也就是说，当凯西对朋友们说"放心，我把孩子交给Xanny了"，这很可能是个恶毒的玩笑。

乔治认为，可能凯西有次喂可莉吃过量的 Xanax 导致可莉再没有醒来，她为了掩盖自己的罪行，就把尸体包起来丢弃在了森林里。

凯西和女儿的死亡有关吗？她到底用了什么方式导致女儿死亡？以下是我个人基于案件披露的信息的一点想法。

19 岁的凯西在决定生下孩子时有未婚夫，但孩子出生几个月后，未婚夫离她而去，周围人全都知道了，孩子生父不明，这在美国这种中产阶级的生活圈里可以说是一桩丑闻。

辛迪当护士每天工作 8 ~ 9 个小时，白天大部分时间还是需要凯西独自照顾可莉。大家可能听说过英文中的 terrible two 的说法，指 2 岁孩子最难伺候，任何一个新手妈妈都要花更多的精力去应对。

凯西前未婚夫说，凯西在他们交往后期爱去夜店喝酒跳舞。

2008 年 4 月底，和未婚夫分手的凯西认识了在夜店当 DJ 的新男友托尼，以及很多爱玩的新朋友，她找到了尽情纵乐的圈子。22 岁的凯西爱上了这种新生活，而这时可莉显然成了实现她"派对自由"的绊脚石，就连每次去托尼家约会都不得不带上可莉。她开始用夜店助兴的 Xanax 让可莉长时间昏睡，而她可以趁机溜出去玩耍。

至于氯仿，可能如乔治所说，不是她用来谋杀的工具。她搜过如何制作氯仿，但像凯西这么懒惰的人，有唾手可得的 Xanax 可用，不太会自找麻烦，去制作氯仿。至于在车子后备厢发现氯仿成分也不难解释，很多消毒剂、漂白剂都会产生副产物氯仿，可能是凯西用某些消毒剂或漂白剂清洗过放置尸体的后备厢，试图清除臭味和渗液。

那么可莉之死是她用量过度导致的过失杀人还是故意谋杀呢？以下证据，指向谋杀的可能性更大。

2012 年 11 月，审判后第二年，警长安杰洛·尼夫斯对媒体说，警方当年的电脑调查员漏掉了凯西电脑中重要的信息。原来，他们当时只查看了那台电脑的 IE 浏览器，但其实凯西本人更常用火狐浏览器，而火狐里有 1200 条搜索记录根本没被检查。

就在 2008 年 6 月 16 日，可莉死亡当天，这台电脑上

97.5% 的流量是在火狐浏览器上产生的。有人当天在那台电脑上输入了关键词：傻瓜窒息法（fool-proof suffocation），即简单可行、绝不会失败的窒息的方法。

随后，这个人点击了一篇文章。那篇文章教人通过窒息方法自杀：先吃药，然后在头上套个袋子。

讽刺的是，警方没发现这些记录，凯西方的调查团队倒先从硬盘上发现了这些记录。乔斯·贝兹本来都准备好了，如果检方提起这条证据，他会辩解为乔治因为可莉溺死后很自责、想自杀才搜索的。但开庭时，检方只字未提这条搜索记录，让贝兹很惊讶。

那么会不会真的是乔治搜索的呢？根据警方的调查，乔治在那条记录发生时已经去上班了，家里只有凯西。而且在搜索那条记录的同时，使用电脑的人也在使用凯西的社交媒体账号，显然这更符合凯西本人在电脑上浏览各种页面的情况。再说，这条记录发生在可莉死亡的同一个下午，乔治不太可能在处理完尸体后立刻搜索如何自杀。

这条搜索记录指向了预谋的企图。一方面，凯西不是第一次喂可莉吃 Xanax，她对用药量肯定是有把握的，误杀的可能性较小。另一方面，如果可莉已经因为服药意外身亡，凯西就没必要搜索如何让人窒息，蒙住可莉口鼻的胶带也没理由出现。

而根据调查员多米尼克向法庭提供的证词，凯西曾向 Jose Baez 承认自己"谋杀"（murder）了可莉。他用的"murder"这个词含有故意杀人的意思，如果是误杀，一般用"manslaughter"。

结合这些证据看，案发当天的经过或许是这样的。6 月 16 日，凯西和母亲大吵一架（检察官的说法）后带可莉离家。当辛迪和乔治都离家后，凯西又带女儿回到家中，她像往常一样给可莉服用 Xanny，让可莉昏睡过去，就可以不再烦自己。

她想出去找男友玩，但一想到晚上女儿会醒来，自己又得被困在家中，顿时很绝望。刚刚和母亲吵完架，她对母亲强迫自己生孩子一事又十分怨恨。这种日子看不到尽头，孩子将成为她一辈子的牵绊，她不禁开始琢磨如何让可莉再也醒不过来。

她想过如何脱罪吗？或许并没有考虑得很周到，只计划伪造成可莉被绑架，把一切责任推给一个虚构的保姆，就算以后尸体被找到，也可以说是这个保姆绑架后杀害的。

她应该也知道这么做的风险，只是摆脱这个自己本就不想要的孩子，重新夺回"属于自己的人生"，对那时才 22 岁的她来说实在太有诱惑力了。

趁可莉熟睡之时，她在家里玩电脑浏览网页，寻找办法。最后她用胶带缠了三圈，粘住熟睡中的可莉的口鼻，等待其窒息死亡。

然后她像检方推测的那样，先用可莉床上的毯子包裹尸体，再装进垃圾袋勒紧，最后又装进洗衣袋，之后她把可莉尸体放在后备厢，开车出去找男友玩。为了回避父母的质问，推迟警察的介入，她便索性躲到男友那里，假装忘掉一切、尽情纵乐。这也符合她一贯说谎的风格，不考虑后果，逃避责任，尽可能拖延谎言，直到无路可走的那一刻。

几天后，她发现一直停在那儿的车子发出臭味，才急忙想办法处理腐烂的尸体。因为她熟悉家后面的树林，便带到那里丢弃。她用清洁剂擦拭后备厢，但此时臭味太重了，无法散去，这一定会引起其他人怀疑，她只能在后备厢放了一袋垃圾掩盖，把车一同丢弃。

以上只是结合所有证据推测的一种可能性。无论是谋杀还是误杀，可莉的死都和凯西脱不了干系。

凯西曾在采访中把自己比作辛普森，说两个案子很相似。要知道，辛普森虽然脱罪，但美国人十有八九都认为他是凶手，只是钻了法律的空子。很难想象一个无辜的人会把自己的案子和辛普森相提并论。

凯西最近一次接受采访时说："我他妈的才不管别人怎么看

我呢，我永远不会。我觉得自己很好，我晚上睡得可棒了。"（"I don't give a shit about what anyone thinks about me, I never will. I'm OK with myself, I sleep pretty good at night."）

正如主持人评论的："哪怕她不是凶手，就是个母亲，她怎么可以睡得很好呢？我从没见过任何父母会在自己孩子死后还能睡得很好，特别是当孩子的死因还没弄明白，他们有的一辈子都在寻找答案的路上停不下来。"

这个悲剧如果要讨论发生的原因，一方面是，凯西人格不健全、常年生活在谎言中，只想任性自私地玩乐；另一方面是，她在一个没有准备好的年龄就生下了自己不想要的孩子。

这让我联想到这两年，美国一个又一个保守州通过立法禁止堕胎。有些州的法条更是匪夷所思，除非是危及孕妇生命的健康问题，否则无论是强奸、乱伦还是畸形儿的情况，女性都不能选择堕胎。

我以前在微博中写过："强制一个心理、生理、经济、情绪都没准备好的女性成为母亲，毁的不仅是她的人生，还有她诞下的生命。"孩子可能出生就有先天疾病，在缺爱的环境中成长，可能痛苦一生，甚至危害社会，也可能被懊悔的父母像垃圾一样扔掉。

当然，本案发生不是因为禁止堕胎。佛罗里达州怀孕 6 个月以内是可以堕胎的，是凯西自己选择了掩耳盗铃，拖到最后只能生下来。而她的妈妈没有错，只是不允许她在有未婚夫的情况下还堕胎。

凯西被判四项轻罪，很快出狱，她还上诉了，最后三项罪名撤销，只被定了向执法机关说谎一项罪名，顶格判只有一年。她几乎没有受到什么惩罚，令许多人愤怒。因为在这个案件发生后民众的请愿，佛罗里达等四个州起草了"可莉法"（Caylee's Law），其中佛罗里达州规定：如果监护人明知儿童处于危险之中却没有及时向警方报告，将获重罪。也就是说，哪怕不能证明你是凶手，你在此事上说谎的行为也够你付出代价了。

写到这里，我想起《未完成的审判》中检察官的一段话：

亲爱的读者，请将你的愤怒与疑惑转化为一切积极的行动吧——紧紧地拥抱你的爱人与孩子，认真地告诉他们你的爱与依恋；热情地帮助困境中的路人，让他们不再感到惶恐失落。要知道，正义的实现并非仅存于法庭之上，也不是可以被一纸判决所轻易展现与诠释的，它是一种对待我们自己与他人的生活态度。而最重要的一点，这才是我们纪念小可莉的最有意义的方式。

（作者：何袜皮）

3
消失的母女

这世界上有很多神秘的、难解的谜团。但是当我们了解够多，仔细探究，迷雾可能瞬间散去。

以前看《走近科学》，我对一期"深夜里的恐怖怪音"印象深刻。某村子每天半夜三更都有怪叫声，全村人都不敢出去看，胆战心惊失眠到天亮。记者采访了许多上了岁数的村民，传说这里出没野兽，闹得人心惶惶……这片子用了上下两集渲染，到最后呢，竟是村里一个胖子睡觉打呼噜！

虽然我觉得《走近科学》老搞那些恐怖配乐和旁白来吓唬小朋友不好，但话说回来，它恰恰体现了现实中的人们探秘的心路历程——很多事初接触时感觉无比神秘，揭开真相后就是特别简单、平常的一件小事。

我自己在写文章时也有这种感觉，无论多么神秘的案子，最后揭开的真相，往往都是平淡无奇的。很多读者会对理性的解释失望，他们还是宁可相信一些曲折离奇的或者阴谋论的解释。

世界上很多事情显得神秘,不外乎几种情况:

一、缺少信息:譬如有个案件说一名女子神秘失踪,只有车子还停在马路上。但所谓"神秘"是因为信息太少,很可能她只是步行离开,去了哪儿。

二、巧合:譬如死者留下了几张神秘的扑克牌,对其意义众说纷纭,抓获凶手后才知道它们是随机不小心掉在那儿的。

三、人为因素:当事人因迷信、恶作剧、负气等原因,故弄玄虚,布下疑阵。

随着我们的监控摄像头越来越多,谜团也显而易见地在变少……

但不得不说,我今天要写的这起台湾母女失踪案确实算得上离奇。我几年前就关注了。这次经过团队成员的实地考察,我们发现之前的许多媒体报道都是不准确的。希望这一篇能让大家了解更多的真相。

2008 年 1 月的一天晚上,台湾彰化县的一个母亲抱着 4 岁的女儿慌慌张张地走进一栋居民楼,并进入电梯前往顶楼。母女两人在电梯里脱去衣服和鞋子,离开电梯后便人间蒸发了。

我们多次前往案发地员林市调查,联络了失踪母女的家人,以及当年在大楼的亲历者,并实地考察了失踪大楼的所有出口和监控摄像头。

让我们来探索一下这对母女身上到底发生了什么吧。

1. 当事人

本文故事主人公名叫刘慧君，2008 年案发时 37 岁，家在彰化县社头乡，和丈夫共生育两女一男。

刘慧君家境不好，初中毕业后，就去台北学美发。她年轻时长得漂亮，有不少追求者。她母亲帮她在老家定了一门亲事。男方家境优越，有田有钱。

刘慧君回老家结婚后，和丈夫住在一栋三层楼的独栋屋内，平时就在家带孩子。但哪知道她的丈夫不好好做事，还有酗酒和家暴的恶习，两人一度离婚。

彰化的乡下比较保守，大部分人会用异样的眼光看待离婚。或许因为这个原因，加上她丈夫发誓不再酗酒，她终于同意复婚。复婚后两人又生下了一个小女儿，就是案发时被带走的那个。

谁知道复婚后情况并未好转，丈夫本性难移，依旧夜夜喝酒。据她家人所言，在案发前几天，刘慧君的精神状况好像不太稳定。

案发前一晚（2008年1月19日），刘慧君和丈夫又发生了冲突。

2008年1月20日，下午两三点，刘慧君突然带上4岁的女儿，骑摩托车离家。她先去了大约三分钟车程外的娘家，但坐了一会儿又离开了。

晚上8点多，她突然出现在员林市的财经大楼。那里距离社头乡约七公里。她的家人和朋友此前没听说她认识员林市的任何人。

2. 消失在大楼内

在将近9点的时候，刘慧君停好摩托车，抱着女儿慌慌张张地进入财经大楼。当时呢，正好有一家住户的女儿在门口等朋友，看到了这一幕。

由于晚上6点时保安已经下班，这个十几岁的女孩是唯一目睹母女俩的人，但是双方并无交谈。

刘慧君母女进入大楼后就直奔电梯。这栋大楼有两个电梯，出于安全考虑，从晚上9点开始到第二天早上7点必须刷梯禁卡才能使用。而母女两人刚好在 9 点前到达。刘慧君抱着女儿进电梯后，把女儿放了下来，按了要去的楼层。

接着电梯中出现了诡异的一幕。她先脱下自己身上的红色外套，再脱下女儿粉红色的外套，最后脱掉自己的拖鞋，把它们全都留在了电梯地板上。

这时，刘慧君身上只穿着白色上衣和黑色马甲，光着脚丫。而女儿则穿着格子毛衣。

整个过程中，刘慧君不时盯着电梯上的数字，动作很仓促，表情有些焦虑。

电梯停在顶楼十一层，刘慧君再次把女儿抱起来，走出电梯。十一层出了电梯后，有一左一右两个摄像头。背对电梯站的话，左手边的摄像头拍到她朝左转，随后进入了右手边的楼梯间。

从那以后，刘慧君母女就消失了。

保安第二天上班后，看到在一楼楼梯间外面有一双散落的女鞋（可能是被其他居民踢到电梯外的），感觉有些奇怪。他走到电梯里一看，还有两件衣服被丢弃在电梯地板上。他在查看监控录像后，才发现有对母女夜间来了这里，并脱去了衣物，但现在两人已不知所终。

另一边，刘慧君的丈夫找了一圈都没找到母女俩后，报了案。

四天后，保安又发现一辆摩托车一直停在大门外面，没人开走。警方在调查车主的身份后，发现它正是社头乡失踪的刘慧君的，方才知道她在失踪当晚带女儿来了这里。

12 年过去了，母女两人好似人间蒸发，活不见人，死不见尸，她们的身份也再没被使用过。而据我们向她家人了解，她离家时证件、银行卡、手机等等都留在家中没有带走，但不排除她的衣服口袋里可能会有一些现金。

3. 失踪现场

员林财经大楼总高十一层，体积比较大，和周围的矮旧房子比起来，显得有点突兀。它位于许多条路的会集点，因此被当地人称为"八条通"。它在当地属于地标性建筑，当年的住户都是身份和收入比较高的家庭。可惜这个案子出现后，有各种迷信的传言，导致房价一直没涨，如今落后于周围房价。

那么，刘慧君那天走进这栋大楼到底想去哪儿呢？

十一楼只有两户（一共有四户，其中两户空着），左手边是一个佛堂，晚上只有一个女人看守，右手边是一家人力中介公司，晚上不营业。

出了电梯后，左右各有一个摄像头，拍到她抱着女儿出电梯后，立刻进入了楼梯间。楼梯可以通天台，也可以去其他任何楼层，我们并不知道她是往上还是往下。

天台没有摄像头。警察把整个天台各个角落都搜索了好几遍，把变电箱、消防的通风口、上锁的水塔都打开看了，但并没有发现母女俩。

唯一紧挨的那栋楼只有三四层楼高，中间还隔了一条防火巷，母女两人不可能跳过去。而且还有一个摄像头对着那条防火巷。

三楼到十楼是居民住宅，每一层有四户人家（三楼只有两户，其他楼层都是四户），但都没有装摄像头。二楼过去是商家，但案发时是空的，锁住了。那层没有摄像头，也没有通往外面的出口。地下一层是一个台球房，案发时还在营业，通常开到晚上十一二点。1 月 20 日是周日，由于第二天是工作日，晚上九十点时客人应当不多。地下二层是停车库，有几个窨井盖，应当也检查过了。而且那几个盖子特别重，一个女子很难提起。

警方花一周时间把大楼内 13 个摄像头的画面都仔细看了一

遍，没发现她们走出去的身影。那是不是意味着她们还在楼里面呢？

警方和家属一起，从母女最后现身的十一楼开始，挨家挨户地敲门查访。由于没有搜查令，他们只能口头询问，但没有一户居民声称见过或者认识她们。

也有居民认为，这件事没什么离奇的，就是她从某个出口出去了，没被摄像头拍到而已。还有附近居民责怪保安大惊小怪，觉得看到摩托车后根本无须报警。

那么，让我们看看这栋楼到底有哪些可以直接通往户外的出口，以及这些出口是否都有摄像头覆盖吧。

4. 实地考察

现在我们已知这栋大楼二层以上都是没有出口的，只能往下到一层、地下一层和地下二层，才能走出去。

首先，她们不可能从一楼大堂出去，因为一楼的出口只有一个，就是正门入口，也是母女走进来的地方。

大堂当年有四个摄像头：门外的两边柱子上各有一个相对，走入大堂后，保安柜台的外侧有一个朝向大堂内，保安柜台上方有一个。所以无论如何，她们只要从大堂出去，就一定会被四个摄像头拍到。这不可能是她们离开的通道。

地下一层是一个台球房，当年还在营业。彰化母女可以通过楼梯间从天台下到地下一层。由于楼梯间没有摄像头，所以无法确定她们是否到过这一层。

假设她们到了这一层，可以不去其他楼层，直接到户外吗？可以。

主出口就是走另一个专用楼梯上到店面外的大街。但是，这个出口也有两个摄像头：一个对着专用楼梯下端（当时可能坏了），另一个对着楼梯上端的卷帘门。她们如果通过这个楼梯走到了大街上，一定会被拍到，所以可以排除。但是台球房还有一个隐蔽的出口，这是以前媒体报道没有提到的。

在一间空调机房内，有一个固定在墙上的直立式防火逃生梯可以通往一楼地面，出来就是大楼后面的户外了。这个逃生梯以及出口没有摄像头覆盖。

所以，她们如果到了地下一层，要想走到户外而不被摄像头捕捉到，只能先进入台球房的空调机房，再攀爬到地面离开。

地下二层是停车库，直接通向外面的出口只有一个：车子升降机。车子必须先驶上升降机，升到一楼，再从车库门驶离。这个升降机是有摄像头对着的，而且必须有遥控器才能启动。所以如果她们是从这里离开，就只有一种情况，她们在车库某个死角坐上了别人的车，跟着车一起离开。

另一个间接出口和地下一层那个直立式防火逃生梯是同一条通道。在升降机两侧有两个直立逃生梯，都是通往地下一层的空调机房。她们可以通过这个梯子，继续爬到户外地面。

地下二层摄像头有四个，如图所示，其中摄像头1和4对着车子进出的升降机以及直立式防火逃生梯。但是，母女若从左边那扇门出来后，向下绕，走到逃生梯2，也可能不被摄像头4拍到。

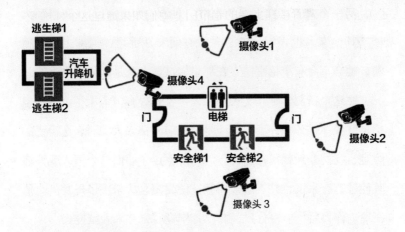

综上，不被摄像头拍到的离开通道只有两个：

一、她们在地下二层时，在某个监控死角坐上了某人的车子，随车子坐升降机离开。

二、从地下二层或者地下一层的空调机房内，爬直立的安全逃生梯出去。

警方当时以大楼为中心点，同心圆方式扩大范围搜查，主要通过调阅监视器和走访附近店家、住户，但都没有线索。

5. 分析

被动消失说

刘慧君丈夫在接受采访时称，他没有认识的人住在财经大楼。其他家人也表示，刘慧君没有朋友在那里。但网上有人猜测，她会不会有个秘密情人在那里，甚至女儿是她和情人生的。

照这个猜测，她和丈夫不和，带女儿投奔情人来了。她在电梯里就脱掉鞋子和外套，可能是想在敲开情人大门时表达自己的坚定，我们今天就留在这儿，怎么都不走了。而这个情人或许在其他地方有家室，并不想被纠缠，便生出念头杀害了母女俩。他在屋内作案后，慢慢分尸、抛尸，毕竟警方并未入室搜查。

谋杀说对于尸体消失比较好解释，但我个人认为可能性不高。

一、保安表示，他在此前从没见过刘慧君。保安每天下午 6 点下班，如果刘慧君都是晚上来的话，倒是可以避开的。但晚上三个小孩都在家，需要照顾，老公又常常出去喝酒，她很难把三个幼儿丢在家里，跑出来约会。

大女儿说妈妈朋友很少，性格内向，不太和人联络，也未提及她晚上出门。乡下地方人和人之间互相都认识，如果有情人很容易会被发现，目前警方也没有找到手机通信记录等线索证明她和其他男性有密切联系。

而说女儿不是丈夫亲生的，就更是凭空猜测了。

二、刘慧君出门时证件、钱包、手机通通没带。如果她是离家出走、带女儿投奔情人，应当会带上重要证件、银行卡、钱等等，更没必要把手机留在家里。

三、十一楼没有住户，只有一个佛堂和一家中介公司。而如果这个情人存在，就只能住在三到十层。她既然破罐破摔，铁了心要投奔情人了，那为什么不直接坐到情人的家所在那一层，而要从十一楼再走到那一层？她要对谁掩藏自己的行踪呢？再说，除非发生一些刑事案件，否则一般也不会有人看监控回放，躲避摄像头毫无必要。

自杀说

她对这段婚姻心灰意冷，处境比第一次离婚时更糟，年纪大了，又多了一个孩子的负担。可能她还要考虑父母的面子而无法再次离婚。她陷入人生困境，想到自杀。

我搜索了一下新闻，携孩子自杀的事在台湾并不少见，他们有各种考虑。有的可能怕孩子太小，留在世上受苦；有的出于迷信，想带个孩子去另一个世界陪自己；等等。

当天刘慧君可能已经带女儿晃了不少地方，想找到合适的地方自杀。当她经过这里时，觉得这楼足够高，可以跳楼自杀。也不排除她有迷信思想，认为什么时间点、在什么方位自杀比较合适。

她在电梯里脱衣服和鞋子，可能是想坚定自杀的决心，表明自己不会回头。坐电梯到了十一楼后，她抱女儿走楼梯上了天台。那么，她为何没跳下来呢？

根据调查员实地观察，那个天台的正面围墙比普通人身高还高许多，母女俩不可能爬上去。侧面的栏杆虽然矮一些，凭调查员目测，也有约 1.5 米。所以很可能，身材娇小的刘慧君几经尝试，都没办法让自己和女儿徒手爬上这么高的围墙，只能作罢。

自杀未遂后，她带女儿走楼梯走了一两层楼后（三到十楼没摄像头），或许曾想过坐电梯原路返回，并取回衣服和鞋子。

但大家还记得吗？电梯到了晚上9点就会被锁住。所以等她从天台上下来后，必然会发现电梯已经无法使用，只能走楼梯继续往下。

她可能来到地下二层，刚好发现一辆车准备出去。她请司机把她们母女俩带到某处，司机同意了。她们上车后，升降机带车离开，因此摄像头只拍到车，未拍到人。母女最后可能在距离财经大楼较远的某地自杀身亡，尸体未被找到。

如果一开始的目的就是自杀，那么看到一栋陌生的高楼，冲进去直奔电梯，坐到顶楼后又毫不犹豫地走楼梯上天台，是很合理的。

在跳楼自杀前脱鞋的并不少见，主要出于以下几种情形：

一、这是自己下决心时的心理过程的外在表现，既可以有仪式感，又可以提供心理缓冲。

二、为了表明是自杀，不是谋杀，省去警察的麻烦。

三、怕鞋子掉下去砸到别人。

但是，这种脱鞋一般是在跳下去前才脱的，像她这样在电梯里就开始脱，并把衣服一起脱了，还是挺少见的。

另外，一个心灰意冷、准备自杀的人不太会处心积虑地避开摄像头，那么她没有出现在监控画面中只能解释为一切太巧合，刚好没被拍到而已。

再者，如果有人载母女出去，他是本楼居民，警察挨家挨户寻找的话，他不太可能不知道，那他为何隐瞒呢？他若站出来坦白，至少可以证明母女俩不是在楼里消失的，可以为大楼洗刷污名，也有利于房价。

我只能解释，这个司机可能不是本楼居民，而是访客，或者那阵子正好去其他地方了，不清楚母女失踪一事，便没有提供线索。

当然，她也可能走另一条没有摄像头的通道。她来到地下二层后，没遇见要出去的司机，也找不到出口。这时，她看到了向上的逃生梯，便带女儿爬了上去，到达负一楼的机房，继续向上，来到大楼外。大楼外的逃生梯出口，从里面轻轻一推就打开了，没有摄像头。

精神异常说

刘慧君家人告诉我们，她在案发前几日"精神状况已经不稳定"，这句话很重要。

她可能当时出现了幻觉，在逃避什么人，甚至可能觉得，纠缠她的正是她的酒鬼丈夫。她带了女儿匆匆忙忙躲藏在大楼内，也像要逃避谁。

如果出现了这样的幻觉，那么一些行为就无法用正常人的理性思路来理解了。她进入电梯后脱去自己和女儿的外套和鞋子，并抱起了女儿，可能认为这样可以变装、不让跟踪者认出她们，或跟踪她的脚印。她不想让跟踪者知道她上了几楼，所以故意坐到顶楼后又走楼梯逃跑。

她到了地下一层或者地下二层，误打误撞看到了逃生梯。这个梯子一般 4 岁女孩可以独立爬了，她们先后爬到了户外地面。

这个推论和自杀的区别在于，它能更好地解释为什么她要规避摄像头。如果她刻意想要摆脱某个幻想中的人物的追踪纠缠，那么她确实可能会做出一些不理性的躲避行为，譬如放着正常的专用楼梯不走，而是和女儿一起爬逃生梯出去。而最后，她可能因为去某些危险的地方躲藏而发生意外。

网上有人指出，警方当年并没有搜查大楼的化粪池，怀疑母女俩可能就死在里面。对此，我们没有办法确认。但我想这么多年过去了，如果尸骨、衣物在里面，应当早已被发现，所以不太可能。

比较可能的情况是，她们从逃生梯一路爬到了大楼外（那里

没摄像头)，由于担心追踪者还在，便没有取回摩托车，而是带女儿打车去了远处。

那么，刘慧君到底是自杀，还是精神出现幻觉发生了意外呢?

也有可能两者皆有。她当时行为缺乏理性，表情动作焦虑慌张，很可能神志不太清醒。她自杀未遂从天台下来时，并不知道这栋楼还有地下室，就直冲冲地沿着楼梯一路向下走到底，最终困惑地发现，自己身处车库，没有任何出口。慌不择路的她只能带女儿爬逃生梯出去。随后，她有些迷失方向，没有回去找自己的摩托车，而是打出租车去了其他地方。

刘慧君母女如果已经去世，那么她们的尸体会在哪儿呢?

彰化地区 1 月晚上气温大约 10 摄氏度，她光着脚，没有穿外套，不骑摩托车，还要抱女儿，不可能赤足跑去很远的地方。

员林市周围都是城镇，母女两个若在周边某处去世，尸体不太可能十几年都不被发现。所以我认为比较有可能的是，她们那天从楼里出来后，打出租或者搭别人的车去了较远的地方。那么，在 2008 年警方调查失踪案时，这个载过她们的司机怎么没提供信息呢?

事实上，我们在员林市打了两次车，都和出租车司机聊起这事。我们以为这件事在当地很轰动，人人皆知，但令人惊讶的是，两个司机是本地人，却都表示从未听说。这么看，这个新闻其实在当地并没有那么轰动。那个载她们的司机后来没关心新闻，也未向人提起，也是很有可能的。

那么，尸体可能在哪儿呢？

附近有个叫百果山的丘陵地，离财经大楼三四公里，年轻人走路约半小时可达。但据了解，那个丘陵地都是私人产业，有很多人工栽种的果园，并非荒野。如果有尸体，只要没被掩埋，这么多年应当会被发现。

更远一点是八卦山，离财经大楼 15 公里。八卦山很大，比较荒凉，近年来不时发生有人在里面迷路走失的新闻。此前有个老妇人失踪七天后被人找回。

如果刘慧君母女在山上某处去世，至今尸体未被发现也是有可能的。大家还记得台湾花莲五子遇害的命案吗？那也是过了九年才在山上被一个猎人偶然发现的。

另一种尸体消失的常见方式是跳入大江大海自杀。那么附近有大海大江吗？

我查了一下，最近的海岸是在彰化县的鹿港镇，从员林财经大楼打车过去大约 30 公里，晚上需要 40 分钟左右。

如果母女两人在某个偏僻处投海，那么也可能至今都不被发现。

综上，我个人判断，她们从消防逃生梯或者搭他人的车，在当晚就离开了财经大楼，并且已经来到远离镇上的海边或者荒山上。两人的遗体因为某些阴错阳差的原因一直未被找到。

刘慧君家人表示，他们虽然已经不抱希望母女还活在人世间，但也一直没有放弃追寻解释和答案。

也希望这篇文章能为这起悬案提供几个思路，引发大家的关注。

（作者：何袜皮）

4

墙缝中的新娘

2009 年，24 岁的耶鲁大学医学院博士生黎安妮 (Annie Le) 在婚礼的前五天，从自己工作的实验楼离奇失踪。监控显示她进入大楼，却再也没有她走出大楼的画面。在原定婚礼的当天，警方终于找到了她——在实验楼的墙壁内。

这起案件的凶手正在服刑，但他从来没有吐露过作案动机。我很早前就了解了这个案子，一直纳闷凶手为何这么做。最近我又搜索了更多信息，想谈谈自己对凶手动机的看法。

1. 亚裔学霸

黎安妮 1985 年出生于美国加州的一个越南家庭，童年时和叔叔阿姨一起生活。她在中学时就展现出高智商和很强的学习能力，在高中毕业典礼上作为全校最优秀的毕业生致辞，还被同学们投票选为"最有可能成为下一个爱因斯坦"的人。

在拿到罗切斯特大学奖励的 16 万美元奖学金后，她选择去那里读本科，主修细胞发展生物学和医学人类学。

虽然成绩名列前茅，但黎安妮可不是书呆子。她身材娇小，身高 140 多厘米，体重 82 斤，但每天打扮时尚，从耳环到鞋子都会搭配成套，很崇拜可可·香奈儿。在朋友记忆中，黎安妮还是个开心果，活泼开朗，广交朋友，从不拉拢小圈子。平时她喜欢吃油炸食物，喜欢看美剧 CSI，是个虔诚的基督教徒。

黎安妮在大学里认识了同学乔纳森·威道斯基，两个学霸开始恋爱。黎安妮称，乔纳森既是她的男友，也是她"最好的朋友"。他们在大学里感情极好，乔纳森常常等她放学，帮她拿书。大学毕业前，乔纳森买了戒指，向黎安妮求婚了。

大学毕业后，黎安妮前往耶鲁大学医学院，攻读药理学博士学位。她的研究主要应用于治疗糖尿病和某些癌症。而乔纳森·威道斯基前往哥伦比亚大学，攻读应用物理和数学的博士学位。

两位博士生计划于 2009 年 9 月 13 日在纽约长岛北部的塞奥赛特举行婚礼。

黎安妮特别关注校园安全话题。2009 年 2 月时，她还采访了当地警察局局长，在医学院的杂志上发表了一篇文章《纽黑文市的犯罪与安全》(纽黑文市是耶鲁大学所在地)。她平时对个人安全也小心谨慎。譬如工作到深夜下班，其他同事都独自回家了，她一定会等陪伴员陪她一起走到停车处（陪伴员是美国许多大学为学生们提供的免费服务，有人可以在深夜陪迟归的学生走夜路）。

一个本应为医疗界做出更大贡献的人才，一个深切关心自身安全的女孩，却在自己最熟悉的实验楼内突然失踪了，而第二天她本应去纽约长岛准备婚礼。

2. 失踪调查

由于和未婚夫的学校不在一个州，案发时，黎安妮和五个室友合租一套房子。

9月8日上午，黎安妮离开合租的公寓，搭乘校巴，前往自己位于耶鲁大学医学院楼（Sterling Hall）的办公室。待了一会儿后，她又步行前往位于友谊街（Amistad Street）10号的实验楼，她的实验室 G13 就位于此楼的地下室。

实验楼门口的监控录像拍到，她在上午10点左右抱着一堆资料，刷卡进入。

当晚9点，因为黎安妮没有回家且一直联系不上，她的一个室友打电话报了警。

警方前往医学院的实验楼调查。

这是个刚启用两年的四层新楼，因为里面有许多做保密研究的尖端实验室，所以实行极为严格的安全措施，不仅进入大楼要刷卡，而且进入每个实验室也要刷卡。每张卡都是实名登记的。因此，大楼里的人员组成很简单，都是医学院从事科研的学生和学校雇员。警方最初判断，在这样的楼里不太可能发生刑事案件。

在地下室的实验室里，警方找到了黎安妮的钱包和手机。当他们得知黎安妮马上要举行婚礼后，认为这更可能是一个恐婚的准新娘躲起来了，等过阵子就会自己出现。但诡异的是，警方调取并观看了大楼所有出口（包括车库）的监控画面，并没有发现她出去的身影。

难道她依然躲在这栋大楼内？

警方关闭了实验楼，开始对大楼内部进行大规模搜索。

一个大活人在实验楼内不翼而飞，这情节像密室失踪一样离奇，再加上主角是名校耶鲁的天才女博士生，这起案件顿时吸引了媒体的关注，成为当时整个美国各大媒体的头条新闻，全国几十家媒体的记者和新闻采访车蜂拥到了耶鲁大学医学院。

黎安妮焦急的未婚夫和家人也赶到耶鲁，一起寻找她。

耶鲁大学悬赏一万美元征集和黎安妮失踪相关的线索，而FBI更是出动了100多名探员投入此案的侦办。他们约谈了150多名相关人士，并观看了75个摄像头长达700多小时的监控录像。

他们分析了刷卡记录，发现失踪当天，黎安妮坐电梯来到地下室后，便刷卡进入自己独立的实验室，此后她的卡再未被使用过，而她也未出现在任何监控画面中。

于是，他们又把目光放回到黎安妮的实验室G13，发现墙上曾有飞溅的血迹，但已经被人清理。他们在走廊的垃圾桶里，找到了一件沾血的实验白大褂。

可黎安妮去哪儿了呢？

连续四天在大楼内搜索，没找到黎安妮，警方开始怀疑，黎安妮会不会在遇害后，被人装在垃圾桶里带出去了，于是又对垃圾填埋场进行搜索。

就在第四天（9月12日），一个警察打开实验室的一块天花板后，发现了带着黎安妮血迹的衣物：一只袜子、实验手套和医务人员蓝短袖。

9月13日，大楼地下室的厕所内传出疑似人体腐烂的气味，却始终找不到源头，于是警方找来了搜救犬。

当天下午5点，黎安妮终于被找到了。身材娇小的她被塞在地下室厕所背后的一个墙壁里。而当天，原本是黎安妮与未婚夫结婚的日子。

这个墙缝是用来布置电缆线的，外面护墙板可以打开，但内部空间极为狭小。在发现时，整个墙缝都蹭上了鲜血。

黎安妮被发现时的状态十分恐怖，头朝下，身子几乎全裸，文胸被推到脖子，而内裤被褪到脚踝，手上戴着一副实验手套（一根大拇指露出来），伤口集中于头部。和尸体一起被发现的还有一支绿色笔芯的笔。

发现尸体的警察说："凶手把她击碎了……她整个人都被毁坏，你甚至都认不出她来。"

9月16日，州法医发言人公布了尸检报告。黎安妮死于颈部受掐造成的机械性窒息。她伤痕累累，下巴和锁骨在生前被折断，在她的内裤护垫和身上多处都发现了精液。

黎安妮竟然在自己的实验室内遭到残暴的殴打、性攻击，然后被勒死。

那么，凶手是谁？为什么要这么对待黎安妮？

3. 凶手在楼内

警方通过分析门禁卡刷卡记录发现，在黎安妮进入实验室不久，一个叫克拉克（Raymond Clark Ⅲ）的男性职员也刷卡进入 G13。

24 岁的克拉克和黎安妮同龄，但他不是耶鲁的学生，而是实验室雇的动物技术员，负责喂养老鼠和打扫笼子。

在进入实验室后的一段时间内，克拉克又多次进出这栋大楼，并在当天 11 次刷卡进入 G13 和 G22，而此前他一天最多进去 3 次。

9 月 17 日，警方带走了克拉克，在他的脸上、左上臂和胸口都发现抓痕。克拉克辩称，这些伤痕是和家里的小猫玩耍时不小心弄伤的。警方让他做测谎实验，他没有通过。

这时，DNA 比对结果出来了！克拉克的头发、指甲和唾液与在犯罪现场以及死者身上收集到的生物证据完全匹配。而那支绿色的笔也属于克拉克。当日，警方便逮捕了克拉克。

克拉克起初坚称自己无罪。一直拖到了 2011 年 3 月，克拉克才和检方达成认罪协议：他承认谋杀黎安妮，以换取 44 年的刑期（如果上法庭定罪的话，量刑可能会更重）。

对于他试图性侵黎安妮的罪名，他选择了阿尔弗德答辩（Alford plea）。这意味着他不直接承认自己有罪，但承认检方有足够的证据指控他。最后他在性侵罪名上得到宽大处理（应该没判刑），而检方减轻了调查取证、开庭辩论的负担。

4. 动机成谜

克拉克被抓后，网上一些人猜测犯罪嫌疑人和死者有感情纠纷。但警方在调查后明确表示，没有证据显示两人之间有纠葛。确切地说，两人甚至谈不上相熟，他们只合作四个多月，工作中也只有很少的交集。

关心本案的人都在等待开庭，这样就可以知道克拉克的作案动机，但他接受认罪协议，意味着不会再有法庭上的辩论，我们也无法知道检方关于动机的理论。

在判刑的法庭上，克拉克第一次向在场的黎安妮家人道歉。他一边流泪一边说："我今天站在这里，为我的行为负所有的责任。我真的，真的很抱歉夺走黎的生命。

"安妮是我见过的最好的人，我此生都无法成为她这么好的人。

"我总是想做对的事，远离麻烦，但我失败了。我杀了人，并且当安妮的朋友、家人和未婚夫坐在那里等待时，我继续撒谎。"

虽然听上去言辞恳切，但是克拉克自始至终都没有解释当时到底发生了什么，以及自己为何杀害黎安妮。

警方曾查阅两人的电子邮件，发现克拉克在案发前不久曾写信向黎安妮抱怨，她有一次做完实验后，没有遵守实验室规定，而是把脏的小白鼠笼子留在那儿（清洗笼子是克拉克的职责）。黎安妮回复邮件态度良好，承诺自己会遵守规定。

而在9月8日案发当天上午，克拉克又给黎安妮发了一封邮件，要求和她见面"讨论白鼠笼子的清洁问题"。我没有查到黎安妮是否回复邮件，应当没有。

难道仅仅因为笼子的清洁问题，克拉克就残杀一个女同事？

5. 控制狂

在本案尚未起诉时，就有个作者急急忙忙出版了一本书《耶鲁谋杀：美丽研究生和冷血犯罪的真实故事》（*Murder at Yale: The True Story of a Beautiful Grad Student and a Cold-Blooded*

Crime），书中称克拉克有黑暗历史。但克拉克的律师对这本书嗤之以鼻，称克拉克没有黑历史，这个作者就喜欢哗众取宠。

在媒体采访中，克拉克呈现出两种完全不同的形象。一方面，他昔日的同学和朋友说他"安静""友好"，从不挑剔别人，是班上最好的一个人。他们无法相信他会做出这种事。如果用中文来说，大概就是我们常见的"老实人"的评价吧。

另一方面，还有一些人却认为他是控制狂。在 2003 年时，克拉克高中时的女友曾向警察报告，克拉克强迫她做爱，她担心如果和他分手，不知道他会做出什么事。案发时，克拉克和女友詹妮弗同居，两人同在实验楼工作。但不止一个邻居声称，克拉克对詹妮弗态度很差，经常进行语言虐待。一个女邻居告诉 ABC 新闻，克拉克控制欲十分强，甚至不让詹妮弗和她说话。

不过，在案发后詹妮弗却对媒体说，她认为克拉克是一个不错的人，他对其他女人没有兴趣。案发后，她一直没有解除婚约，反而频繁探监。

耶鲁实验楼的同事表示，克拉克性格孤僻，平时走路总是看着地面，几乎不看人，也不和人打招呼。在工作中他"爱摆架子，很难伺候"。一个研究人员称，如果谁没有按规定穿鞋套进入实验室，克拉克不是提醒他们穿上鞋套那么简单，而是会借题发挥、怨气十足。

警方初步调查后，把这个事件称为"职场暴力"。这句话说得很笼统，许多人认为，这意味着这起谋杀因工作中的口角引发。

在网络侦探的网站上，不少网友猜测可能当天面谈时，黎安妮的态度激怒了他。一个是忙于婚礼和工作、压力很大的博士生，一个是潜在的控制狂，两人见面后发生了口角。黎安妮可能拒绝和他交谈，或者威胁要向上级投诉他，于是克拉克一冲动就掐死了她。

虽然论坛上大部分人都持这个观点，但我也看到了不同的观点。譬如有个网友说，他/她阅读了大量案例，想不起曾有任何一个例子，是一个年轻男性因为职场相关的愤怒而杀害另一个年轻女性，但是性动机倒普遍得多。

我的感觉也是一样。

发生在校园和职场的谋杀不是没有，但在我的记忆中几乎都是在同性之间，积怨颇深，因为这种愤怒往往包含了妒忌（不同于吃醋嫉妒）的成分。

我也写过，妒忌这东西说来复杂，其实也很简单，几乎全都发生在有相似性的两个人之间，因为妒忌代表人们拒绝另一个人站在自己身边，衬托自己的不完美，这种对比极少跨性别。

两个仅合作四个月的异性同事，会因为笼子的清洁问题发生激烈争吵吗？朋友们说黎安妮性格友好，两人之间的第一次口角会一再升级，导致一方杀害另一方吗？若凶手当时真的是如此厌恶和对黎安妮满怀愤怒，会突然开始性侵吗？

当然，世界上无奇不有，也不是没可能。但倘若真的如此，克拉克的暴力行为想必有迹可循，他在平日里一定是个非常冲动、没法控制自己情绪的人，且有暴力倾向，经常和人发生肢体冲撞，毕竟生活中可以激怒人的小事太多了。但我没有看到他和陌生人因为口角发生冲突的历史描述。

克拉克只为一件小事，便如此针对一个友好的年轻异性，并因为第一次口角就采取了最残暴的殴打性侵谋杀，这似乎难以解释得通。

更重要的是，我认为这种猜测忽略了尸体本身的状态：黎安妮遭到了性攻击。

6. 性暴力

诚然，有些罪犯在对女性受害人产生极大愤怒和厌恶时，可能会在实施攻击行为时用物体猥亵受害人，并损害受害人的性器官以达到侮辱的目的，但本案不太一样。黎安妮不仅被脱去文胸和内裤，倒立塞在墙内，她的护垫和身上还有精液，这足以证明凶手在进行攻击时自己获得了性满足。

虽然，在某些情境下，一方可能在吵架愤怒时会性兴奋，对另一方采取暴力性行为（angry sex），但这多半还是发生在亲密关系中。在生疏的职场关系中，在一个随时可能有人闯入的公开场合，这种由愤怒引发的性行为闻所未闻。

顽强的黎安妮进行了激烈的抵抗。她在体力上完全不是凶手的对手，但她依然在克拉克的脸、手臂和胸口留下抓痕，在三四天后还可见。而他打断她的骨头，让她面目全非。

多数情况下，当一个暴怒的人失手杀人后，他的怒气会逐渐消散，随之而来的是惊慌失措，克拉克对受害人如此愤怒和厌恶，都将其暴打、掐死了，会突然对自己痛恨之人的遗体产生性欲吗？

性侵的意图到底是何时产生的？是在殴打之前还是殴打之后？

从作案细节看，这更像一次以强奸为意图的杀人。如果真的如此，那么克拉克并不是一上来只想殴打黎安妮发泄愤怒，而是一上来就试图制服黎安妮，强奸她。这遭到了黎安妮的激烈反抗。为了制止她呼救并压制她的反抗，克拉克将其暴打并掐死。随后他继续性侵，或因某些原因无法完成，而体外射精。

综上，欲望或许才是犯罪动机中主导的成分，笼子的清洁问题只是克拉克主动找碴儿，故意招惹"受害人"的借口。

网上流传着各种各样对克拉克动机的推断，以下是我结合他性格产生的一些想法：

在实验室的系统中，克拉克的工作相较而言"微不足道"，处于最低地位。他平日里做这份工作，面对那些和自己差不多年纪的博士生内心很自卑。越是这样，他越怕被别人看不起，于是处处要在自己的管辖范围内彰显自己的"权威"，譬如在地板和笼子的清洁问题上刁难研究人员。

但话说回来，他过去对其他研究人员再怎么挑刺，也只是给脸色、发牢骚，没有越界、失控、暴怒的历史。他对黎安妮的笼子清洁问题，似乎有点小题大做了。

再结合性侵行为看，他很可能是在工作中接触和自己同龄的黎安妮后，对黎安妮产生了迷恋、性幻想（有些白人男性偏爱娇小的亚裔女子）。和很多连环杀手一样，这幻想中或许还存在强奸的情节。他知道万一自己的念头被人知道，会遭到耻笑，这种欲望注定不可能实现，从而在意识层面压抑了这种欲望。

当普通人暗恋一个女孩时会怎么做？可能会经常出现在她身边，暧昧互动，取悦她，亲近她，以此来获得心理上的满足。但以克拉克自卑的性格显然做不到。在旁人眼中，克拉克自卑、孤僻，缺乏和他人社交的技巧。当自卑、性欲和权力欲混合在一起后，可能表现为对性欲对象的对抗。

大家或许听过，有些青春期男孩喜欢某个女孩，会有相反的表现。他们不是对女孩示爱、讨好，而是会恶作剧，捉弄甚至霸凌这个女孩，故意惹她讨厌，惹哭她。

为什么会这样？这个年纪的少年内心有些敏感、自卑又骄傲。一方面他们认为，自己如果求爱会遭到女孩拒绝，被周围人嘲笑，并对"自己喜欢上某人"的想法感到羞耻，认为是一种软弱的表现；但另一方面又控制不住自己的欲望想靠近她、吸引她的注意，和她产生某种关联和沟通。

以克拉克的性格看，他没准也处于这种又卑又亢的状态。

因此，这个案子可能不是先有老鼠笼子的清洁问题，而是先有克拉克对黎安妮的欲望，然后才格外关注她、挑剔她。他借挑刺的机会和她产生交流，享受着她向自己解释和道歉。

他一直怀有幻想，但听说她要请假去结婚后，感受到了一种

"被拒绝""被抛弃"（只是他的认知里的）的绝望。

他自卑而敏感的内心被激怒，于是提出要和她面谈。他想谈什么？可能只是出于本能的冲动，又想借题发挥（借着笼子清洁的问题），冲她发泄内心对她结婚一事的挫折感和愤怒。

案发当天是黎安妮婚假前的最后一个工作日，她想必非常忙碌，克拉克却发邮件说想和她面谈"笼子清洁的问题"，这对当时的黎安妮来说，应该是优先等级最低的一件琐事。她可能没有回复邮件，而克拉克未经允许，就用自己的门禁卡进入了她的实验室。

当两人共处一室时，黎安妮或许态度有些不耐烦，想尽快结束对话开始工作，这是正常人的反应。而克拉克积压的欲望和挫折感，让他一时失控，做出了非理性的犯罪：强奸杀人。

现在大家都追问克拉克，为何杀害黎安妮，他又如何能说出口呢？如果他辩解是黎安妮没收拾笼子或者态度不佳引起他的愤怒，他又如何解释自己的性侵行为呢？

他不能也不愿意袒露自己自卑的内心，只能对动机保持沉默。而如果是这种情况，网友们讨论黎安妮当时的态度是否得当，毫无意义。

7. 潜意识

我以前说过，每个人内心的心理活动都非常丰富，哪怕一个再浅薄的人，意识也分为许多个层次，想法瞬息万变，遗落在整个思维过程中。

那天我突然问 L，某某怎么样了，他很奇怪，说："你问他干吗？"我也奇怪怎么想到了多年没联系的校友，便答了一句："只是突然想到了。"后来我回想整个思维过程，我们当时在开车，没开导航，L 突然说开错了路，绕了很大一段。我虽然没说话，但我想到了：绕路多烧油→最近油价涨了好多→开车如何省油→在读书时某某是省油标兵（据说他去超市买菜，会计算装满菜和空车的油费不同）。所以当我突然说出某某的名字时，我自己都没意识到，我的思路其实经历了许多弯弯绕绕，而中间那些被省略的步骤，有时甚至自己也想不起来。

为什么许多案子里凶手都不愿意交代动机？要么是这动机太刺痛他们内心，他们不愿意说，所以便拿最肤浅的理由来搪塞公众；要么就是他们自己也说不清楚，一些真实的念头或者潜意识在思维过程中遗失了；或者两者兼有。

在美国康涅狄格州，一个罪犯如果因为谋杀被判刑，是不允许假释的，这意味着克拉克要坐足 44 年牢，出来时就是 70 岁左右的老人了。

黎安妮的家人不满意这个量刑，她的一个亲属在法庭上表示，克拉克应该被判死刑，至少也应该是无期徒刑。

黎安妮的母亲在法庭上说，自己女儿是美丽、聪明的年轻姑娘，"现在世界永远不会知道她可以做出什么样的贡献了"，"我也将永远不能看见她向我走来，我永远不能再次拥抱安妮……我只能在梦里见到安妮"。

（作者：何袜皮）

5

韩国青蛙少年
失踪悬案

大邱市位于韩国东南部，地理位置优越，历史上是朝鲜半岛的南部商业中心。大邱市的南北两侧均被山陵环绕，山地面积几乎是整个城市总面积的一半，其中较有名的就有八公山、环城山、草莱峰、山城山、龙岩山、琵瑟山、最顶山和卧龙山。

卧龙山的山脚下有个不起眼的小村庄，村民们一直平静幸福地生活在其中，直到1991年的一天，村庄的平静被打破了……

1. 寻找火蝾螈的孩子们

1991年3月26日，整个韩国都沉浸在兴奋喜悦的气氛中，因为韩国刚刚结束了军政府的统治，这一天是30年来的第一个地方议员选举日。为了鼓励选民投票，整个韩国放假一日，大邱市自然也不例外。

假日一大早的8点钟左右，六个孩子——9岁的金钟植、10

岁的朴灿仁、11 岁的金荣奎、12 岁的赵浩言、13 岁的禹哲原和12 岁的金泰盛，兴高采烈地聚在赵浩言的家门前玩耍。这些孩子不仅都住在卧龙山山脚下同一个村庄里，他们还都是城西国民小学的小学生，平日总是一起玩闹。

一会儿，赵浩言家中的租客过来指责孩子们闹腾的声音太大，影响他们休息，于是六个孩子离开赵浩言家，浩浩荡荡地往村后的卧龙山走去。

这时金泰盛想到，吃早饭时妈妈特意叮嘱他说："不可以离家太远。"虽然有些失落，但金泰盛还是走出了队伍，回到家中。日后金泰盛被称为"青蛙少年失踪案"的幸存者。

其余的五个小伙伴拿着空奶粉罐子和小木棍继续向着卧龙山前进，在进山的路口处，他们碰到了赵浩言的初中生哥哥。赵浩言的哥哥问他们干什么去，他们回答道，要进山去找火蝾螈的蛋。

火蝾螈，经常被误称为火蜥蜴，是一种淡水两栖动物，生活在河流溪水边，喜欢躲藏在森林落叶层中，颜色鲜艳，很受孩子们的喜爱。当人们在落叶层上面生火的时候，蝾螈由于畏火而跑出来，给人一种它们是从火中出来的错觉，因此得名火蝾螈。

村民金顺南住在卧龙山山脚下，当天早上 9 点左右，他投完票往家走，与五名少年擦身而过，听到孩子们在讨论："两个小时能回来吗？"

孩子们随后应该在山脚下逗留了很长时间。

中午12点左右，禹哲原的同班同学金京烈和李泰锡也在山脚下逗留了一会儿，他们和这五个小伙伴聊了一会儿后就回家吃午饭了。

同样住在卧龙山山脚的阿姨金伊秀也说，在12点左右，她看见五个孩子拿着罐子和小棍子正在爬山。

卧龙山是一座海拔只有100多米的小山，山势平坦，山间有池塘溪流，山脚离孩子们居住的村庄只有步行不到10分钟的路程，村里的孩子们经常结伴进山玩耍。卧龙山中的开阔处有一个圈起来的军事基地，山脚下不仅有村民居住，还有供基地中的军人及家属居住的军人公寓。卧龙山山上山下随时都有散步玩耍的人，所以大家看到孩子们进山觉得很正常，没有人会觉得山中有危险。

下午1点，禹哲原的爸爸接到跆拳道馆打来的电话，禹哲原本应该在这个时间去训练，但他没有出现。禹哲原的爸爸找遍了整个村庄，还去了其他几个小伙伴的家中，发现除了金泰盛，其他人也都没有回家。金泰盛告诉禹哲原的爸爸，禹哲原和其他四个小伙伴去山上玩了，禹哲原的爸爸心想，可能是禹哲原玩耍忘记了训练，也就没有太担心。

但下午很快过去了，天色渐晚，还飘起了小雨，五名少年还是没有回家。这时，孩子们的家长都开始着急了。村庄通往山脚的路边横亘着几亩稻田，看守稻田的是几只凶恶的看门狗，父母们担心会不会是这几只狗将孩子们咬伤了，所以迟迟不归。

父母们先在卧龙山山脚下找了一圈，没有发现孩子们的踪迹。他们开始上山寻找，边找边大声呼唤着孩子们的名字，一个多小时过去了，父母们一无所获，开始恐慌起来，晚上7点15分，他们去警局报了警。

警方表示，孩子们失踪没有满24小时，所以还不能立案，并且他们认为，失踪的孩子多达五人，都是男孩，遇到危险的可能性不大，孩子们只是贪玩晚归而已，让家长们再等等。

父母们又回到村庄，村民们都来帮忙，山上山下寻找了一遍又一遍，直到次日凌晨3点钟，仍然没有孩子们的丝毫踪迹。他们再次来到警局，请求帮助。孩子们半夜都没有回家，警方意识到了事情的严重性，天亮后，警局在当地部队的帮助下，出动了300多人展开地毯式搜寻，附近的村庄和学校都找了个遍，可依然没有找到五名少年。

2. 调查开始

　　警方开始调查五名少年失踪前的轨迹。根据提前回到家中的小伙伴金泰盛以及上文所述的赵浩言的哥哥和几位村民的证词，从当天上午的 8 点至 12 点，都有人或曾与五个孩子交谈，或曾目睹过他们的身影。

　　在警方的调查过程中，有人提供了一个奇怪的情况。和五名少年同校的四年级学生咸承勋（10 岁）住在卧龙山山脚下的军人公寓里，他和一帮小伙伴在当天也前去寻找火蝾螈的蛋，他们在卧龙山的溪谷里待了很久。后来咸承勋和伙伴们分开，独自一人爬到了卧龙山半山腰的坟地附近。他说，"当时山上传来了两声惨叫"，他还看了眼手表，时间是 11 点 30 分。

　　神秘的是，9 岁的金钟植的母亲和 11 岁的金荣奎的母亲，在咸承勋"听到惨叫声"的 11 点 30 分不约而同地突然感到心如刀绞（失踪案先后被改编为两部电影，两部电影中都出现了这个情节）。

　　还有一位小学生说，他当时也在卧龙山玩耍，他好像听到了一声枪响，紧接着是一声惨叫，但是他不清楚当时是几点钟，只知道是上午。

　　两天后，金钟植的家中接到一个电话，警觉的父母将这个电话录了音。一个男人在电话中说道："孩子们在我的手上，他们都处于痛苦之中，有两个人病得很严重。"最后，这个男人要求父母们带上一大笔赎金，到大邱市火车站附近的一条街上交钱赎人。满怀希望的父母们来到指定的地点，时间分分钟地流逝，一个多小时过去了，他们没有看到任何人出现。

　　至此，警方没有发现任何有价值的线索，失踪案的调查陷入了僵局。

　　警方开始求助于当地报社，向公众征集关于五名少年失踪的线索。这起失踪案在警局报告中的名称是"城西小学生失踪案"，在他们失踪五天之后，当地报纸发布头条新闻"五名少年外出捉青蛙后失踪"，火蝾螈被误报为青蛙，从此，这起失踪案被称为"青蛙少年失踪案"。

　　消息发布两天之后，失踪案在大邱市内尽人皆知，一个星期后，所有的市民都在讨论，青蛙少年们是否还活着。不久，"青蛙少年失踪案"在全国范围内被广泛报道，整个韩国都开始关注此案，毕竟，五名少年在家附近同时杳无痕迹地失踪实在太可怕，也太离奇了。

3. 调查升级

新闻发酵了一个多月后，青蛙少年的父母们参加了一个名叫《公众意见广场》的全国性电视节目。节目中，父母们愤怒地指责大邱市警察局工作失职。与此同时，节目组设置了一条电话热线，呼吁知情人提供失踪案的线索。

很快，节目组接到一个疑似是失踪少年中9岁的金钟植打来的电话。电话中，有一个男孩在哭泣，并且不停地问："我的妈妈在哪里？"金钟植的母亲前去接听电话时，电话被对方挂断，但是听了电话录音，她认为这就是她儿子的声音。节目现场，所有人都开始兴奋激动，认为孩子们都还活着，案件有了线索。然而，警方很快确认，这个电话只是一个恶作剧，打电话的人甚至都不是一名少年，怀着无限希望的父母们再次遭受打击。

电话热线最终收到500多条相关线索，最后被证明没有一条是有用的，但是此案的影响进一步扩大。当时的总统卢泰愚特地对此案发表电视讲话，还用私人名义督促警方进一步侦办此案。接着，卢泰愚悬赏4200万韩元（相当于25万元人民币）征集失踪案的线索。

1991年10月24日，青蛙少年失踪7个月之后，韩国政府出动了多达 31.8 万的警力和军队，在全国范围内进行搜索和调查，诸如犯罪多发地、偏僻荒岛、宗教组织，甚至远洋轮船等等，但主要调查地点还是集中在大邱地区，尤其是卧龙山附近。此案在参与搜索人数上还创下了韩国案件史上空前的纪录。

3000 名军警以及无数的志愿者来回地在卧龙山上搜寻，考虑到孩子们有被掩埋的可能性，军警们手持登山棒不停地捅刺地面的泥土，直升机也反复地在卧龙山的空中巡视。10 月份的卧龙山植被已经很稀疏，直升机上的军警甚至能从飞机上定位山中一个香烟盒大小的物体。

社会团体和民间企业也都在帮助寻找孩子们的下落，寻人启事的传单前后一共打印出 2 亿多张，香烟盒上、电话卡上、儿童食品中、漫画书里，都印上了失踪少年的照片。

然而如此大规模的寻人活动，却没有找到任何有用的线索，五个少年就像凭空消失在山中一样，没有一丝痕迹。

这样的结果使得流言纷至，有人说这几个少年是被朝鲜的特工抓走的，训练他们当间谍去了；还有人说他们是被麻风病医院抓走，用作了医学实验；甚至有不少人认为孩子们是被外星人绑架了……

这些流言中流传最广、最多人相信的是，孩子们的失踪和卧龙山上的军事基地有关。再联想到上文说过的当时一个小学生说自己好像听到了枪声和惨叫声，孩子们的父母开始相信，孩子们的失踪和军事基地有关，因为他们经常去找火蝾螈的池塘不远处，就是这个军事基地的射击场。而这个近在咫尺的军事基地始终没有被搜查过，这也加深了很多人心中的疑惑。

新闻媒体也开始报道，青蛙少年的失踪有可能和军方有关，但军方一直对此保持沉默。

随着时间的流逝，因为没有新的线索，官方的调查渐渐终止了，媒体也不再关注此案，"青蛙少年失踪案"慢慢淡出了大众的视线，只有依旧等待孩子们回家的父母们没有放下。

五个少年的爸爸们辞了工作，租下一辆小卡车，车身贴满孩子们的照片，写着"请帮助找到我们的孩子"。他们开车前往韩国的各大城市，每到一地，他们就将车停在当地人流最密集的火车站，一刻不停地分发寻人启事。

韩国的失踪儿童协会会长曾经目睹了这样一幕：一位父亲弯着腰恭敬地将一张传单递给一位女士，那位女士接到后，将口中的口香糖吐到上面，然后当着这位父亲的面，扔掉了传单。这位会长忍不住流下了眼泪。

1992 年 11 月，一位导演根据此案拍摄了电影《回家吧，青蛙少年》；1993 年，还有歌手创作了歌曲《回来吧青蛙少年》。

1994 年 4 月，债务缠身的爸爸们开始接受现实，放弃了长达三年的全国寻子旅程，回到大邱市的家中。

令人意想不到的是，卧龙山军事基地里的一位军官找到父母们，问他们是否愿意在晚上去军事基地商谈要事，并且对此事保密。父母们虽然满心疑惑，但怀疑此事会与孩子们的失踪有关，便毫不犹豫地答应了。

到了夜晚，父母们在一个军官的带领下，来到基地，进到一个很大的帐篷里面，里面有好几位军官簇拥着一个穿便服的人。军官向父母们介绍，这个穿便服之人是一位拥有法力的大师，他可以作法，赋予父母们一些法力。在这些法力的加持之下，父母和孩子们之间的天然联结会有助于找到孩子们。

大师依次将双手放在父母们头颅的两侧，再按压下去，输入法力。大师作法之后，其他人都没有变化，只有 10 岁的朴灿仁的母亲突然不受控制地手舞足蹈起来，并迅速冲出帐篷。大师见状，赶紧让父母们和几位军官都跟着朴灿仁的母亲。

一行人在卧龙山里奔跑了好一会儿，最后，朴灿仁的母亲在一处停了下来，并大声叫喊："我们的孩子在这里。"

之后，他们细细搜索了这一处，把泥土都掘开了，却并未发现孩子们的丝毫踪迹。父母们满心失望，也很疑惑，军事基地的人为什么搞这样一出法师作法？为什么不像从前一样保持沉默呢？也许，他们真的与此事无关，只是想帮忙？

此后的几年里，韩国每次有新的总统上任，都会接见青蛙少年的父母们。朴灿仁的父亲说："每次总统接见的时候，第一件事都是和他们拍照，然后在一旁的媒体飞快地拍下许多照片，第二天的报纸头条便会刊出'总统接见青蛙少年的父母'。之后，总统还会给每家100万韩元（目前相当于人民币5300元）的慰问金。但我们不想要钱，只想找到我们的孩子。但政府官员总是说，这不是他们的责任，这些都是警察的工作。"

4. 犯罪心理学家

1996年1月12日，一位身穿黑西服的男士找到青蛙少年的父母们，父母们开始以为他是一位政府官员，但他自我介绍说，他是一位在美国取得学位的犯罪心理学家，他研究了很长时间的"青蛙少年失踪案"，想帮助找到孩子们。在那个年代，韩国农村的大部分人从来都没听说过"心理学家"这个名词，更不用提"犯罪心理学家"了，但父母们事后说，因为他在美国拿到了博士学位，又在韩国科学技术院（相当于中国的中科院）工作，所以大家一开始都很信任他。

在和父母们接触不久之后，这位名叫金加元的犯罪心理学家十分肯定地说："金钟植的父亲金哲奎杀害了所有的孩子，他们的尸体就埋在他家的房子下面。因为是熟人作案，所以从来没有人怀疑他。"他给出的事实依据是，孩子们失踪当天的 9 点至 12 点，金钟植的父亲没有提供确凿的不在场证明。其他父母根本不相信这个说法，但在这位犯罪心理学家的坚持之下，警方和媒体都开始怀疑金哲奎。

百口莫辩之下，金哲奎同意了警方搜索他的房子，警方在浴室里找到了一些孩子的旧鞋子，加重了金哲奎的嫌疑。于是，在众多媒体的现场直播下，大邱市警方掘地三尺，将金家的后院、浴室和卧室都挖了一遍，最后的结果却是除了泥土，什么都没找到。

因为这起荒唐的指证，金加元被任职的韩国科学技术院开除，并且被国际心理学会除名，但他依旧坚称金哲奎就是杀人凶手，甚至还专门写了一本叫《孩子们没有上山》的书来阐述自己眼中的"真相"，结果一大批韩国民众受他影响，也认为是金哲奎杀害了孩子们。

本来就伤心过度的金哲奎被此事压垮了，金哲奎非常痛苦，他说这件事等于又杀死他一遍。不久，他患上了肝癌，在失去孩子的第十年（2001年）不幸去世。临死前，他依旧抱有希望，留下遗言："只要孩子活着就好。"他的朋友们都认为他死于痛苦和绝望。

其他几位父亲在失子之痛下都开始酗酒，朴灿仁的父亲在醉酒之后还经常去警察局指责警察们的失职，有一次，他还因为大闹警局被拘留了。但他们始终怀有孩子们还活着的希望，甚至觉得孩子们已经在某处静悄悄地长大了。

5. 发现尸骨

2002年9月26日，距青蛙少年们的失踪已经过去了11年多。这一天，孩子们的父母突然接到警察的电话，说孩子们的尸骨在卧龙山里被发现了。

禹哲原的父亲第一个到达现场，他说，在离现场20米处，他突然感到眼前变得模糊，眼泪流了下来，心里有个声音在跟他说，他和儿子今生的父子缘分已了。

这一天早上的9点多钟，两名当地的登山爱好者在山间拾捡橡果的时候发现一堆破烂的衣服半露在泥土的表层，衣服间还有隐隐的白骨显现。两人惊吓之下，赶紧报警。11 年前曾经参与过"青蛙少年失踪案"调查的老刑警迅速捕捉到了这通报警电话的关键信息，怀疑这些尸骨和当年失踪的孩子们有关，他马上通报全警署行动起来。

但大邱市警方再次犯下了严重的错误。首先，他们没有对现场采取保护措施，现场挤满了围观的村民和媒体记者。其次，警局缺乏专业的法医队伍，却因为调查心切，没有请求外援，而是直接用镐头和铁锹这些农具挖掘抛尸现场。

从现场来看，尸体本来是完全埋在泥土中的，可能是卧龙山之前接连好几天的大雨，导致土层松动，土壤流失，埋在地下的尸骨暴露出了一部分。

警方在挖掘过程中，虽然早有心理准备，但当那具半暴露在外的尸骨被挖出来后，发现泥土里还掩埋着四具早已白骨化的尸体和残存的衣服、鞋子时，他们依然觉得心惊肉跳。通过一件城西国民小学的校服，以及一个头骨口腔内的钢制牙套，他们基本确定，这五具尸骨正是 11 年前失踪的"青蛙少年"，随后在第一时间通知了孩子们的父母。父母们以如此残酷的方式再次见到了自己的孩子们。

孩子们的尸骨堆叠在半山腰的一个土坑里，奇怪的是，他们的两只衣袖都分别被绑在了一起，还以一种特殊的方式系成一个圆结。后来有专业人士说，这种打结方法是美军特种部队会采用的一种手法，最早来自北欧丛林中猎人们绑猎物的习惯。

金荣奎的父亲为了确认其中的一件衣服是否自己孩子当日所穿，将那件衣服的结打开，衣服中掉落一个空弹壳。紧接着，属于金荣奎的衣服中又陆续发现了三枚未使用过的弹头，当时金荣奎的父亲的第一个想法就是，孩子们是遭枪击身亡的。接着，附近的泥土中发现了更多的子弹和弹壳。

韩国警方高层得知此事后，向庆北大学的法医学教授蔡钟明团队求助。蔡钟明教授团队在发现尸体的三个小时后就来到了现场，然而还是晚了一步。他们发现，大邱市警方不仅取证做得很粗糙，而且这三个小时内的挖掘对现场的破坏非常严重，不可逆转，很多现场信息已无法找回。

被埋的五名少年的尸骨是完整的，专业的法医一定是将挖掘出的尸骨在未污染的白布上摆成原本完整的人体骨架。大邱市警方却是将头骨放一堆，其余的骨头放一堆，而且摆放骨头的垫布中居然还有一张是随手拿过来的报纸。很多经常报道犯罪事件的记者都觉得很不可思议。

2002 年 9 月 27 日，发现尸骨的第二天，大邱市警方便急匆匆地宣布结案。大邱市警察厅厅长在媒体上宣布："根据我们目前所掌握的证据，失温是孩子们最有可能的死亡原因。"他说，当天夜里的最低温度只有 3 摄氏度，考虑到山间小雨，以及冷风，气温还会更低，孩子们在山间迷路，夜间气温下降，不幸冻死了。

当记者质问他们，尸体为何呈现交叠状态，如何解释衣服特殊的打结方式时，局长回答，正是因为寒冷，所以他们以这样的姿势抱在一起取暖，而这种特殊的打结方式可能是孩子们因为低温症失去理性时做出的无法解释的行为。

父母及村民都强烈抗议这种说法，村后的卧龙山是一座只有 100 多米高的小山，自然环境并不复杂，站在山顶上就能看到山脚下的村庄和公路。孩子们在此处土生土长，失踪前在山中玩耍过无数回，绝不可能在白天迷路。

韩国山地救援协会会长在看到新闻后，也赶来卧龙山探查。以他几十年的丰富经验来看，孩子们绝对不是自然死亡，是被谋杀的。孩子们被发现的地点离村庄只有 500 米左右，即使下雨或者气温骤然降低，只要对着村庄亮灯的方向，顶多走上十来分钟，就能到达村里。

前来支援的法医学教授蔡钟明指出，如果孩子们是自然死亡，那么他们的尸体便会留在地面上。而在那样的山区环境中，一定会有动物过来啃噬或者撕拉尸体，这就意味着他们的骨头上会留有痕迹，甚至被外力分开。但是，孩子们的尸体是埋入土中的，并且骨头上也没有动物留下的痕迹，这就意味着他们是被谋杀的。

6. 军方涉嫌

蔡钟明法医团队仔细梳理了附近的土壤，又找到 66 枚子弹头及弹壳，但这些子弹和弹壳的规格和腐蚀程度均不相同。

有两个孩子的头骨风化明显，已经残缺不全。其他三个孩子禹哲原、金荣奎和金钟植的头骨上都有非常明显的孔洞，尤其是禹哲原，他的头骨两侧各有一个孔洞，于是很多媒体猜测这些孔洞是枪伤所致。

从埋尸的地点来看，距离我们上文说到的那个军事射击场只有 200 米左右，以 M16 来复枪为例，M16 的射程是 2000 米，有效射程是 1000 米，所以从理论上说，如果埋尸地点就是案发现场，孩子们有可能是被射击场里射出的子弹击中的。

很多人开始猜测，孩子们在玩耍过程中无意间发现弹头和弹壳，于是目标从抓火蝾螈转为去捡弹壳，之后不小心闯进了后山腰的军队驻地，因此被误杀。这个卧龙山的射击场隶属韩军二等师团陆军第50团（以下简称第50团），一年总要进行几次实弹射击训练。甚至，大邱市警察厅在一次采访中也改口说孩子们有可能不是自然死亡，而是军方走火导致。

经过媒体的推波助澜，韩国大部分民众都认为此事和军方脱不了干系。

这一次，军方感受到了巨大的压力，无法再像11年前那样保持沉默。很快，他们召开了记者招待会，澄清事实。

第50团称，他们委托弹药专门部队对"青蛙少年"埋尸现场发现的所有子弹和弹壳进行检验后确定，现场一共有6种规格的弹头弹壳（包含M16、M1、LMG30等型号），从它们的腐蚀情况来看，基本上都是在五位少年失踪年份（1991年）之前使用的，但为了知道明确的使用时间，第50团计划在警方的协助下，委托国立科学搜查研究院进行确认。

另外，第50团就遗骸现场周围发现大量弹头弹壳一事，给出了详细的解释：

一、考虑到军队射击场租借场地的年份为1956年、1971年、

1981 年，直至 1981 年为止，由于射击场大小的限制，在射击场附近（包含发现遗骸的现场）增设过简易射击场，并进行过射击训练。

二、直至 1981 年为止，在具备完善的设施之前，由于备弹池一带都没有安全防护设施，所以流弹有广泛扩散的可能。

三、由于射击场的综合训练场外围没有栅栏，所以少年们能够在射击场周围一带捡拾弹壳来玩，当青蛙少年死亡时，他们捡到的弹壳会出现在尸体周围。

另外，就部分媒体的"军方不配合警方调查"的报道，第50 团强调说："尽管一直同警方保持密切合作的关系，但这样的报道出现仍令人遗憾，今后将积极协助警方调查。"

同时，第50 团也表示："绝对不会发生枪杀之类的事情，即使发生了也不可能隐瞒 10 年以上。"

第50 团中的作战参谋、中校罗静妍还接受了专门的采访，以下是采访的原文。

记者："1991 年 3 月 26 日青蛙少年失踪当天，部队内部确认没有进行射击吗？"

罗："失踪当天是地方自治团体选举日，是临时公休日，当时射击场的管理者、师部主任也已经说明当天没有进行过射击训练。"

记者："是否进行了不是训练而是个别、非正式的射击，确认过吗？"

罗："第50团没有非正式的、个别的携带枪支离开营地的情况，如果有，就成了武装脱营，军规不能允许有这种事发生。"

记者："当时是如何管理射击场的？"

罗："射击场周围虽然没有铁栅栏，但是设有标记和警告标示牌。射击时，会通过广播或警报器通知居民。射击场主要入口还布置了警戒兵。"

记者："听说当时美军使用了师团射击场，事件发生当天是否确认了美军使用射击场？"

罗："美军确实使用过射击场，但没有确认事发当天是否使用。"

记者："是否确认在遗骸挖掘现场附近的地点曾设置简易射击场？"

罗："1981年以前有可能，但之后还要再确认。"

记者："射击场斜线上是否有子弹直接飞向挖掘遗骸的现场的可能性？"

罗："完全没有。"

然而，很多民众表示不相信军方的澄清，舆论还是不利于军方。

7. 法医解密

蔡钟明法医团队经过两天的辛苦工作，找齐了五位"青蛙少年"的所有骸骨，并将它们仔细打包装箱，运回了他们在庆北大学的实验室，开始对骸骨进行详细的分析。

首先他们对禹哲原及其他两名少年的头骨上的孔洞进行研究，最后得出结论，这样的孔洞是钝器伤所致，并非子弹。因为如果骨头遭受了枪击，那么孔洞的周围会有骨折的痕迹，但禹哲原等三人均没有骨折伤，所以可以排除是枪伤所致。

在现场时，警方就已经发现，很多骸骨上有众多相似的大大小小的刺伤，他们认为可能是死后造成的。但蔡钟明教授认为他无法判断，于是他请来一位摄影师，拍下骸骨刺伤的清晰照片，发送给一位在美国专门研究骸骨伤痕的法医学家，请她帮忙分析。

这位法医学家很快就回复了，她十分肯定，这些伤痕都是在死者生前人为造成的。孩子们在死前一定是遭受了尖锐利器捅刺的残忍虐待。

至此，孩子们遭谋杀致死的证据确凿。

法医团队开始推测孩子们的直接死因。通过尸体和衣服的位置，可以看出孩子们在最后的时刻反穿着他们的外套。蔡钟明教授指出，这种情况很有可能是，凶手让他们反穿外套，以便将他们的头蒙住，然后用钝器大力击打他们的头颅，杀害了他们。

接着，蔡钟明教授又得出一个使大家都很难相信的结论。

他说，如果一个人在一个地点死亡，然后尸体被运送到另外一个地方，在这个移动的过程中，很难使全身的骨头都保持它们在自然状态时的位置。但是他们团队发现，现场的骸骨都处于非常正常的自然状态（但笔者有些疑惑，大邱市警察厅在法医团队到来之前就挖掘出了尸骨，有可能法医团队是通过警方照片进行判断的；或者警方没有挖出全部的遗骸），如果移动了尸体，还能使它们保持这样的状态，这几乎不可能。

另外，当一具尸体开始腐烂的时候，化学物质，例如磷，便会从尸体中渗出来，进入周边的土壤中。蔡钟明教授团队对尸体附近的土壤进行采样，分析其中的各种成分，得出结论，青蛙少年的尸体已经在此地点腐烂分解超过了 10 年。

此两点最终推导出这个令人难以置信的结论，埋尸地点就是孩子们被虐待、被谋杀的现场，而且孩子们在当年就被杀害了，最有可能就是在失踪当天即遇害。

根据 FBI 的研究，美国本土的儿童（18 岁以下）失踪谋杀案中，44% 的儿童会在第一个小时内死亡，76% 的儿童会在三个小时内死亡，88.5% 的儿童会在 24 小时内死亡。

而之所以令人难以置信，是因为 11 年前孩子们失踪当天的傍晚，父母们就开始在卧龙山上寻人，第二天天刚亮，300 名军警也随即开始搜山，也是一无所获。而 1991 年 10 月的那次大规模的搜山行动，几乎把卧龙山翻了个个儿，都没有发现孩子们的丝毫踪迹。

所以，所有人都认为孩子们当时是被绑架到别处了，而他们居然从来没有离开过卧龙山，一直在离家几百米的地方躺了整整 11 年。

根据这些法医学证据，警方开始重新审视自 1991 年以来的各项记录，试图找到新的线索，找到凶手。

2004 年 3 月 24 日，青蛙少年的葬礼在存放他们遗骸的庆北大学的医院里举行。迟到的葬礼上，城西国民小学的校长为孩子们念了悼词，压抑多年的亲人终于痛哭失声。同校的师生以及无数的社会人士都来送他们最后一程，其中一名学生代表说道："学长们，请忘记你们那些冰冷而黑暗的记忆，永享安宁。请带着微笑离开吧。"

孩子们的骸骨被火化，骨灰由家人们一同撒入韩国最长的河流——洛东江中。洛东江连接着太平洋，父母们希望他们能够自由自在地畅游在大海中。朴灿仁的父亲说："他们一同长大，一同离开人世间，我们希望他们在另一个世界也能够一同玩耍。"

8. 凶手是谁?

31 年过去了，凶手依旧逍遥法外，但相当多的人都认为这是军方的一次误杀所致。

除了这个观点之外，2006 年韩国的网站上还出现了一个后来广为流传的故事。

2006 年 3 月 25 日，距离这起失踪谋杀案已经过去了整 15 年，按照韩国之前的法律，此案的诉讼时效到期，所以大家又开始在网络上热烈地讨论此案。

某一天，一名男子在一个网站上发出一篇与此案相关的文章，该男子声称自己知道凶手是谁，但是对方已经死亡。这名男子声称，他的阿姨曾与凶手的妻子住在同一家疗养院，凶手的妻子告诉了他的阿姨整个案件的过程，而他的阿姨又转述给了他。他后来将此爆料给一名姓李的记者，最后不知什么原因，这位记者没有写出这篇报道，他很后悔当时没有报警。

　　他写下了案发的经过："那对夫妻是住在卧龙山区内部的一户人家，有一名残障的儿子，有一天，爸爸带着儿子一起去修狗窝，儿子不小心将家中养的大型猎犬的狗链解开后，它立刻奔向了刚好经过的那五个男孩，将其中一名小孩咬死了。爸爸为了替孩子掩盖罪行，将其余四名拖进家中杀害，以便灭口，最后埋藏在那个山谷。由于当时警方的搜查已经往一个奇怪的方向进行，所以夫妻就带着小孩逃离那里了……"

　　这个文章在当时引发了很大的轰动，很多人都信以为真，后来还有记者前去疗养院确认，但没能找到文章中声称的当事人。

　　这个故事有其合理的地方，上文提到过，当父母们刚刚意识到孩子们还没有回家的时候，就有人担忧，他们可能会被看守稻田的大狗咬伤。首先，这个故事不能解释孩子们的尸骨上为什么会出现虐待性伤痕（骨头上的刺伤），并且这些伤痕的形态和狗的撕咬痕迹大相径庭；其次，法医认定谋杀现场和埋尸点是同一处，但这个故事中却出现了两个地点。

还有人认为凶手不止一人，在首尔广播公司（SBS）《想知道真相》三大永久未决事件特辑中，一名犯罪心理学家曾分析道："如果对方是五个孩子，站在犯罪者的立场上，也会有一定程度的退缩。"这也是很多人想不通的地方，无论一个多么健硕的人，想同时控制住五个十来岁的男孩，都是一件非常困难的事，所以有人认为有多人作案的可能性。

《想知道真相》中还有人推测凶手只有一人，但他不是一次性将五名孩子杀害，而是多次、依次杀害五名孩子。

我个人也更倾向凶手只有一人的说法。案发现场，五名少年受虐的方式（刺伤）以及死亡方式一致；每件衣服都被用特殊方式精心地打了结；在如此大规模搜山的情况下，凶手的虐杀及埋尸地点也没有被发现，很有可能是在实施犯罪之前就精心挑选了犯罪地点，事后仔细掩埋尸体，靠着11年间的雨水洗刷，这才意外地暴露出来。卧龙山上终年有人散步、玩耍，而凶手却能从容不迫地完成虐待、杀人和埋尸。

这些特征都表明凶手具有高度的条理性和一致性，而多人作案的现场通常不会如此一致。根据这些特征，我认为凶手有可能是当地村庄的村民或者是军营中的军人，一个熟知卧龙山地形、心思缜密、冷静沉稳、智力水平较高的成年男性，外表和善，善于交际，能在短时间内赢得别人的好感。

凶手骗取了少年们的信任后，可能是用玩游戏或者一起探险之类的诡计控制了所有的孩子，随后暴露出恋童癖及虐待狂的本质，最后再将所有人杀人灭口。

有人提出，凶手使用的凶器可能是冰镐，我个人也赞同这个观点。谋杀案中如果是个人作案，出现两种凶器的可能性极小。冰镐一头尖锐似刀，一头类似锤子，刚好符合尸体上的两种伤痕。尖锐的一头用来虐待，锤子那头击打头骨致死。

2007年，在汹涌的社会舆论之下，韩国修改了《韩国刑事诉讼法》，将公诉期限延长至25年，最后又在另外一起悬案——华城连环杀人案的推动下，法院决定将一级谋杀的公诉时限改为永久追溯。

青蛙少年的父母们如今已经垂垂老矣，希望他们最终能够等到杀害他们孩子的凶手伏法的那一天。

（作者：考利）

6

学生"痴迷"
跟踪女教师15年

　　前一阵子去看了慕名已久的话剧《恋爱的犀牛》，坐在我左右两边的是两位陌生的男士。故事渐渐进入高潮，男主角对女主角表白道：

　　"我不会离开你，也不会让你离开我。你是哪儿也去不了的，你逃到天涯海角我也会把你找回来！别挣扎，挣扎没有用。我们注定要死在一起！"

　　我左边的男士幽幽地一声唏嘘，显然是想起了一段缠绵悱恻的往事，我右边的男士则义愤填膺地骂道："这不是跟踪狂吗！"

　　当然，文艺作品探寻的是一种极致的情感，不能用生活的准绳去丈量艺术（反过来也一样），若是在现实生活中，有人对你说"我不会离开你，也不会让你离开我"，那结局往往只有一片血腥。

　　这个小小的插曲让我想起 41 年前美国明尼苏达州的女子玛丽·斯托弗（Mary Stauffer）的遭遇，以及它背后的恐怖主题：跟踪（stalking）。

1. 最熟悉你的陌生人

跟踪这种行为一般还被称作"缠扰""骚扰"或者"尾行"（日语）。根据美国疾病控制与预防中心（CDC）2014年发布的数据，有超过15%的女性和6%的男性遭遇过跟踪行为。

我之所以用美国的数据，是因为今天讲述的这个案件就发生在那里。但跟踪这种行为，全世界的模式都基本相同——女性的跟踪者们，将近九成是男性；男性的跟踪者们，则没有明显的性别差异。

这些跟踪狂里，超过60%是"死缠烂打"的前任和"没有安全感"的现任，有6%左右是亲属，剩下的则是那些"陌生人"。

最后这一种"陌生人"跟踪狂，也许是所有跟踪狂的故事里最惊悚的类型，用"祸从天降"来形容亦不为过。

虽然所有跟踪行为的恐怖指数和危险指数都很高，但其他类型中的受害者起码还大致知道跟踪狂的身份，有可能能够避开自救，但对于那些"陌生人"跟踪狂，你则完全不知道他们是谁，会在何时出现。

他们可能是和你有过一面之缘的客户、短暂接触过的同事、连名字都叫不出来的邻居……

对你而言，他们不过是萍水相逢的过客；在他们看来，你却是他们命中注定要得到的人。

玛丽·斯托弗的情况就是如此，当她的跟踪者最终现身时，他已经"迷恋"了玛丽 15 年之久，而她早已忘了他的名字。

玛丽·斯托弗本名玛丽·班戈（Mary Bang），1944 年出生于明尼苏达州的杜鲁斯（Duluth）。明尼苏达被称为"北星之州"，民风友善淳朴，是美国地广人稀、气候最寒冷的地区之一，这也为日后此案中一系列的逃匿和潜藏创造了有利的条件。

班戈一家有三个孩子，除了玛丽之外，还有女儿桑德拉和小儿子汤姆。玛丽 10 岁那年，一家人移居到了明尼苏达的首府圣保罗（Saint Paul）辖区下的赫尔曼敦（Hermantown），玛丽在那里读完了高中，并于 1962 年进入明尼苏达的贝塞尔大学（Bethel University）继续学习。

贝塞尔大学创立于 1871 年，是一所私立基督教教育学府。20 世纪 60 年代初，全美只有 6.7% 的女性受过高等教育，考上大学并选择数学作为专业的玛丽无疑是一位非常优秀、很有想法的女性。

贝塞尔大学还有一个著名的神学院，专门培养神职人员（新教的牧师，可以结婚的那种）。那里有个名叫欧文·斯托弗（Irving Stauffer）的小伙子，他比玛丽大一届，来自玛丽的故乡杜鲁斯市。玛丽大二那年，两个年轻人成了一对甜蜜的小情侣，在贝塞尔大学1963年的年鉴上还留下一张他们的合影。

照片里，玛丽展示着自己的胸花（美国传统，舞会上男士会送给心上人胸花），并用一道数学公式来证明"我如何爱你"。即使时隔多年，这张照片上依旧满溢着理科学霸的浪漫。这种浪漫也顺利修成了正果，玛丽毕业后不久，两人结了婚，玛丽·班戈也成了玛丽·斯托弗夫人。

1965年，玛丽大学毕业，欧文留校继续攻读硕士，玛丽则在明尼苏达的罗斯维尔市（Roseville）的亚历山大-拉姆齐高中（Alexander Ramsey High School）找到了一份教职，担任九年级（美国高一，相当于国内的初三）的代数老师。

虽然明尼苏达当时主要是北欧（30%）和德国人（40%）的后裔，但玛丽的班级里也不乏其他族裔的学生，华裔学生薛明升（Ming Sen Shiue）就是其中之一。

2. 暗恋老师的华裔学生

薛明升生于 1950 年，来自中国台湾，家中还有两个弟弟。薛明升的父亲，是位林业统计学专家，曾任明尼苏达大学（University of Minnesota）教授。明尼苏达大学素有"公立常春藤"之称，是美国最负盛名的大学之一，可以说薛明升来自一个不折不扣的文化精英家庭。

薛明升 8 岁那年，母亲林梅（音译）带着他和二儿子薛查理来到美国。薛明升的父亲买下了罗斯维尔市哈姆莱（Hamline）大街 160 号的一所小房子，一家人终于团聚。不久之后，林梅又生下了小儿子雷尼（Ronnie）。正当一切步入正轨之时，薛明升的父亲患上了癌症，在与妻儿团聚的第三年里撒手人寰。

父亲逝世后，薛明升成了实质上的"一家之主"。他颇有长兄的"威严"，经常暴打自己的两个弟弟。虽然薛明升谎话连篇，拒绝为自己的行为承担责任，却总是坚持自己有理，即使无故殴打弟弟，也要找个冠冕堂皇的理由。

少年时代，他就出现了一些犯罪倾向，例如向车辆投掷石块，在陌生人的公寓里纵火。因为参与纵火，他 14 岁时就被勒令参加心理治疗。这个无法管教的大儿子令林梅害怕，她甚至形容他"没有感情，更像是一条狗"。

尽管如此，薛明升还是顺利地升上了高中。他的成绩名列前茅，还参加了校橄榄球队和摔跤队，被公认为是很有前途的学生。

高中时代的薛明升没再惹过什么麻烦，唯一的"不规矩"就是他似乎深深暗恋着自己的代数老师玛丽·斯托弗。

据说，班上有同学向玛丽老师八卦过薛明升对她的仰慕之情，玛丽对此只是一笑置之，并没有放在心上。

那个年纪的男孩子正处于荷尔蒙爆棚的阶段，对一个年轻漂亮的女老师产生好感，也是人之常情。随着时间流逝，这种暗恋的火苗大多会渐渐熄灭。薛明升也没做过什么不正当的"追求"举动，随着升上十年级，他也离开了玛丽的班级。

然而薛明升的"痴迷"并没有减弱，反而越来越强烈。玛丽老师很快替代了所有的电影明星，成了他性幻想的唯一主角。渐渐地，薛明升不再满足于头脑中的幻想，开始将这些"故事"付诸笔端。

这些"故事"的主题，一开始是你情我愿的"偷情"，之后逐步升级，变成了暴力的强奸和轮奸。当这些升级后的幻想也无法满足内心的欲望时，薛明升决定，要将这些幻想付诸实践。

3. 长达 15 年的 "迷恋"

薛明升的幻想 "升级" 经历了几年的时间，当他决定采取行动的时候，却发现自己找不到玛丽老师的踪影。原来早在 1967 年，玛丽就和丈夫一道，离开了明尼苏达。

1967 年，欧文·斯托弗（研二学生）和妻子一起，被派往菲律宾传教。这位见习牧师和他的妻子深受当地教众的欢迎。这段经历深深影响了欧文和玛丽，他们之后将在菲律宾的传教事业视作自己毕生的使命。

1971 年，欧文正式成为了一名牧师，他和妻子被派往内布拉斯加州东部林肯市波尔克教区（Polk）任职。他们在这里度过了四年，并有了一双可爱的儿女，贝丝（Beth）和史蒂夫（Steve）。

然而两人并没有忘记初心，1975 年，他们带着两个孩子又回到了菲律宾，继续传教事业。

等到他们再次返回家乡明尼苏达的时候，已经是 1979 年，距离玛丽在拉姆齐高中任教已经过了整整 14 年。

在这 14 年里，薛明升做了什么呢？

他的学业成绩一直很优秀，以第一名的成绩从高中毕业后，他获得了奖学金，考上了父亲曾经执教过的明尼苏达大学，学习电子工程。不过薛明升很快就辍学了，决定先做生意赚点钱，再继续学业。

薛明升在明尼苏达大学旁边，开了一家名叫"音响设备服务"（Sound Equipment Services）的电器商店。一开始，这家店经营得相当好，后来日渐萧条（但总体来说还是赚钱的），然而薛明升却再也没有回到校园。

1973年，薛明升的母亲林梅再嫁了一个名叫默林·迪克曼（Murlyn Dickerman）的鳏夫，这位迪克曼是她的上司，也是个小有名气的林学专家，曾任美国林务局研究部的副主任。林梅再嫁后带着小儿子雷尼迁居到了华盛顿，留下来的大儿子薛明升和二儿子查理住在原来的老房子里。

虽然只剩下兄弟俩相依为命，但他们的关系非常疏离。据说，薛查理平日只能住在地下室里，和"楼上"的大哥几乎不打照面。薛查理的成绩也不错，同样考上了明尼苏达大学，毕业后在一家银行工作，结婚后就搬走了。

这所老房子便成了薛明升一个人的"地盘"，后来的一系列绑架和囚禁也都发生在这里。

据邻居们回忆，薛明升的父母是一对温良勤奋的夫妻，薛家的两个小儿子也属于外向友好的类型，都很讨人喜欢。薛明升则不和任何人交往，是个沉闷阴郁的"独行侠"，行事还有一股"狠劲"。

曾有三个劫匪闯入他的电器商店，将薛明升打倒在地，但他却带伤与他们进行枪战，将劫匪们打得一死一残（当然这属于正当防卫，他没有被追究刑事责任）。

薛明升阴沉的性格令邻居们颇有点惧怕，都不太敢"管他的闲事"——这也导致日后他实施绑架和囚禁时，他的邻居们（甚至还包括回地下室暂住的查理）对此毫无察觉。

当然，他也没有停止"追寻"玛丽老师。1975 年，他甚至找到了玛丽的老家杜鲁斯，持枪闯进了"欧文·斯托弗先生和太太"的家里。

然而，薛明升却搞错了，这位"欧文·斯托弗先生"是玛丽的公公（他和儿子同名），而"斯托弗夫人"则是玛丽的婆婆。气愤的薛明升将两位老人绑了起来，用枪指着他们的头，威胁他们不准将自己闯入民居一事报警。

两位老人没有报警，直到儿子和儿媳回国之后（1979 年），两位老人才将这件事告诉了他们。两位老人和他人无冤无仇，儿子一家又多年居住在海外，所以无论是他们，还是欧文或者玛丽，都猜不出这位"闯入者"的身份。

1979 年，玛丽和丈夫从菲律宾回到了明尼苏达，住在母校贝塞尔大学的宿舍里。不过，他们这次回来只是暂居，牧师的派遣任期一般是四年，他们需要回国做一些继任程序。欧文和玛丽打算在 1980 年 5 月末返回菲律宾，继续他们的传教事业。

而此时，薛明升也获知了玛丽回美国的消息，他长达 15 年的"痴迷"之花，也结出了最恐怖的果实。

4. 以爱为名的恐怖主义

看到这里，很多人也许会非常不解，为什么薛明升会对少年时代没有私交，又多年不见的老师如此"执着"？这就要从跟踪这种行为的本质说起了。

虽然许多跟踪者都会以"执着的爱情"来粉饰自己，但跟踪行为的本质根本不是爱情，而是一种极端的控制。

当这种行为处于最初的"蓄力"阶段时（例如薛明升对玛丽幻想升级的时期），跟踪者看起来和"偷偷爱着你"的单恋者有那么几分相似。

但不同之处却在于，单恋者虽然也会幻想"如果我们在一起"，但他们清楚地知道对方不爱自己的事实，这也是单恋者万分痛苦的原因。爱情是需要"回馈"的，单相思代表着一种情感上的"无私"。

但是跟踪者却不然，在他们的心目中，对方可以不知道自己的存在，但两人"彼此相爱"却是一个不容辩驳的"事实"。

跟踪者通过幻想掌控两人"爱情故事"的走向，即使对方深爱别人 / 已婚 / 性取向不合，跟踪者也无动于衷，而这些对正常的追求者来说，都几乎是 100% "劝退"的情况。

在跟踪者心目中，对方一旦知道自己的存在，就会抛弃所有，义无反顾地奔向自己。虽然经常有人用"钟情妄想"（Erotomania）来形容跟踪者，但其实大部分的跟踪者，都是神志清醒正常的——他们看似匪夷所思的"钟情妄想"背后，实则是狂妄的自恋。

跟踪行为的受害者们都会有"为什么是我" / "喜欢我什么我改还不行吗"的痛苦疑问，然而不幸的是，这种"天降横祸"往往是不可避免的，因为自恋的跟踪者们早已将他们的"目标"物化（更确切地说，是猎物化）了。

他们"爱上"你也许只是因为你一个礼貌的微笑、一个不经意的回眸，可能因为你的长相、发色或者那天的衣着，甚至根本没有理由——因为一切不过是他们自恋的投射。

你们的"爱情故事"完全由他（她）来执笔，你虽然是名义上的"女主角"（男主角），却不允许拥有任何台词。

当这种幻想带来的兴奋感无法满足跟踪者的时候，跟踪行为就进入了下一个阶段。跟踪者要将他们的"爱人"强行拉入自己的幻想之中，一旦对方抗拒（必然的），跟踪者就会认为自己遭受了"背叛"，于是"报复"和"惩罚"便开始了……

5. 美发沙龙外的枪口

玛丽一家人回到明尼苏达之后，薛明升开始了对她的全方位跟踪。

他藏在玛丽家附近的树林里，一待就是几个小时，甚至知道他们的备用钥匙放在哪里。他曾先后三次潜入玛丽家中，企图掳走玛丽，不过因为各种原因未能如愿，可惜这三次潜入都没有引起这家人的注意。

一方面是因为薛明升行动非常小心，另一方面，玛丽和欧文正为即将来临的菲律宾之行做准备，收拾行装、拜访亲友，忙得不亦乐乎。

只有一次，欧文注意到屋子的地板上多了一些奇怪的木屑，案发之后他才发现，自己和妻子床下的地板，不知什么时候，已经被挖了一个大洞——欧文后来才知道，薛明升曾经打算挖地道将玛丽带走。

1980 年 5 月 16 日，距离玛丽和欧文返回菲律宾只剩下几天时间。这天上午，玛丽先带着 6 岁的儿子史蒂夫到位于克利夫兰大街（Cleveland Avenue）的"卡门美容美发沙龙"（Carmen's Beauty Salon）剪头发，之后她把儿子送到幼儿园。

下午的时候，她又带着 8 岁的女儿贝丝来到了这里。

下午 4 点 30 分左右，小姑娘剪好了头发，和母亲一起离开了美发沙龙，她们一边开心地有说有笑，一边走向停车的地方。玛丽开的是一辆 1973 年的福特汽车，当她打开后座的车门，让女儿上车的时候，一个亚裔男人急匆匆地朝她们走了过来。

这人看起来 30 岁左右，戴着厚厚的眼镜，穿着打扮也算整洁得体。玛丽以为他是个迷路的焦急的游客（因为亚裔在这个街区并不常见），于是友好地问道："我有什么能帮你的吗？"

然而回答她的却是黑洞洞的枪口。男人从腰间掏出一把手枪，直指着贝丝说道："我需要搭个车。"

接着他逼迫这对母女上了车，一边用枪指着贝丝，一边命令玛丽向北前行。

玛丽强迫自己冷静下来，尽量用温和友善的语气对这位劫持者说道："我们都是基督徒，我们的上帝，他会帮助有困难的人的。我可以帮助你……"

然而劫持者狂暴地打断了她："给我闭嘴！开车！"

玛丽没敢再激怒他，于是保持了沉默。

在男子的逼迫下，玛丽将车开往阿诺卡县（Anoka County）的偏远林区，这个过程中，男子一直用各种方式恐吓和威胁她们。

比如，在开车的过程中，他们曾停在某个十字路口的红绿灯前，有一辆警车偶然出现在他们车后，劫持者就威胁玛丽，如果这辆警车再和他们一路，他就"一枪崩了贝丝"。

所幸绿灯亮起后，那辆警车驶向了另一个方向。

到了人迹罕至的林区，男子将玛丽和贝丝捆绑在一起，强迫她们脸朝下躺进这辆福特车的后备厢。

接下来（下午6点30分左右），男子在罗斯维尔郊区一个停车场附近停下车，准备将玛丽的这辆福特换成自己停在那里的面包车。

然而他的这番举动，引起了附近两个玩耍的小男孩的注意。

　　这两个小男孩中的一个，名叫杰森·威尔克曼（Jason Wilkman），走上前想去一探究竟。他刚刚礼貌地说了声"你好"，就被男子一把抓住，也扔进了福特车的后备厢里，紧接着男子开车疯狂地逃离了现场。

　　另一个小男孩（他没看见后备厢里的玛丽母女）吓得跑去找杰森的妈妈，她急忙赶了过来，但车子早已消失了踪影，杰森的父母立即报了警。

　　男子开车驶向荒无人烟的卡洛斯·艾弗里野生动物保护区（Carlos Avery Wildlife Refuge），后备厢里的三个受害者则完全不知道自己在什么地方，这个男人又会将他们带到哪里。

　　玛丽试图安抚杰森，不断地和他说话，但这个小男孩吓蒙了，除了自己的名字（杰森）和年龄，他无法提供其他任何信息。

　　汽车此时开进了山区，在路上剧烈地颠簸着，杰森哭了起来，说自己要回家，因为周末还要去看自己的外婆呢。贝丝也想起，自己这个周末也打算去看外婆。两个茫然又害怕的孩子，都伤心地大哭起来。

　　这时候车子停了下来，男子打开了后备厢，贝丝记得，他从自己身边取走了一根长长的金属棒——若干年后，她才明白，那是一根撬棍。

男子抓着杰森走进了森林，在那里，他用这根撬棍将这个 6 岁的小男孩活活打死了。

6. 薛明升的"报复"

很久之后，男子才回到了车里，他再次驶向那个停车场，丢掉了玛丽的福特汽车，将玛丽母女俩押进自己那辆黑色的没有窗户的面包车。

他先将她们带到自己的电器商店，给她们一点果汁喝，又让她们去了洗手间。他告诉玛丽，自己已经将那个小男孩放走了，接着便命令母女两人蒙上眼睛，再次将她们塞进面包车，借着夜色的掩护，驶向哈姆莱大街的那所老房子。

进屋之后，他用自行车的锁条将母女二人锁在一起，关进卧室的壁橱，从外面锁上了壁橱的门。

这个壁橱长 4 英尺（1.22 米），进深 21 英寸（53 厘米），里面没挂任何衣服，只有毯子、两个小抱枕和一些塑料袋，橱柜上方有一只自行安装的灯泡。

很显然，这个橱柜就是为囚禁玛丽所准备的，已经准备了很久很久。

当天夜里（其实已经是第二天的凌晨了），男子在客厅地板上铺上一条毯子，将玛丽带出壁橱，蒙住了她的双眼，将她捆绑在一件家具上，并打开了一旁租来的录像机。

接下来是一段长达三个小时的录像"采访"，在男人一点点的"提示"下，玛丽·斯托弗才终于认出了劫持自己的人，他叫薛明升，是自己 15 年前的学生。

薛明升告诉玛丽，因为她给过他一个 B 的成绩，让他无法获得奖学金，没能上成大学，结果他被迫征召入伍，参加越南战争，并被越共抓进了战俘营。他人生中的所有失败，全都归咎于她。

当然，这些所谓的"失败"，全是薛明升的谎言，他整个高中最差的成绩也是 A-，他以全班第一的成绩毕业，不但得到了奖学金，还上了大学，从未去过越南（他是高度近视，军方也不会要他）。

他这些连篇的谎话，也和他少年时代的种种恶行一样，都是拒绝为自己的行为承担责任，却还要坚持自己有理。换句话说，一切都是玛丽的错，而他想要的不过是"报复"。

玛丽于是问他："你打算怎么报复？"

薛明升开始脱掉她的外裤，并把玛丽的衬衫拉过她的头顶，然后说道："我想你应该能猜到。我不希望你的伤疤是身体上的，我希望它们是情感上的。我想让你感觉肮脏、堕落和低贱。"

接下来的六个小时里，薛明升反复强奸玛丽，并把强奸的过程全都录制了下来。第二天，他取出录像带，把录像机还了回去，但他对玛丽的性侵却没有停止。

7. 被囚 53 天

与此同时，玛丽的丈夫欧文心急如焚。本来，16 日这天晚上，他们约好了和玛丽的姐姐桑德拉一家聚餐，然而妻子和女儿却一直没有回来。欧文先给美发沙龙打了电话，却被告知两人早已离开，他又找遍了附近的大小医院，但依旧不见妻女的影子。于是午夜时分，他打电话报了警。

警方当时正全力调查小男孩杰森的"绑架案"，过了一两个小时，才终于有个警察来到了他们的住处。他敷衍地问了欧文几个问题，认定这事不过是夫妻吵架，根本没把欧文的报警当回事，很快就离开了。

直到 18 号的早上，警方在搜查杰森被绑架的区域的时候，发现了玛丽那辆福特汽车掉落的牌照，这才将两起案子联系起来。明州的警方又通知了FBI（因为涉及儿童绑架），接下来，多达300名警官和志愿者对这个地区进行了地毯式搜索，然而一无所获。

警方和FBI都将欧文视为首要嫌疑人，怀疑他杀害了妻女，反复对他进行调查和审问。

虽然这番操作现在看来纯属误判和浪费时间，但在当时来看，他们的怀疑也不无道理，因为根据目击者（和杰森一起玩耍的小男孩）的描述，嫌疑人的长相和欧文的确有那么几分相似（都是黑头发、戴眼镜）。

甚至当警方把这张"嫌疑人的素描"刊登在报纸上，向社会各界征集信息的时候，还有不少义愤填膺的"知情者"给警方打电话，言之凿凿地声称这位牧师就是凶手……

在通过了一系列测谎和调查之后，欧文终于暂时澄清了自己的嫌疑，但这却让警方更加一筹莫展，玛丽人缘非常好，无论和公婆、父母还是姐弟，全都关系和睦，又刚刚从海外归来，如果凶手不是丈夫，那么哪儿来的仇家呢？

至此无论是杰森的绑架案，还是玛丽母女的失踪案，全都陷入了僵局。

这段时间对玛丽的家人来说，无异于地狱般的日子，每当附近发现了和玛丽或者贝丝年龄相近的无名女尸，欧文就要去"认尸"。

薛明升则过着两点一线的"普通"日子，他每天照常去电器商店，每晚按时回家，没人知道全市都在寻找的失踪的母女俩就被囚禁在他的壁橱里。

他几乎每天都会性侵玛丽，有时会长达好几个小时，但玛丽最害怕的是他会把魔爪伸向女儿贝丝，她恳求薛明升，请一定放过自己的女儿。薛明升则鄙夷地告诉她，自己才不是什么恋童癖，他也果真没对贝丝下手，强暴玛丽的时候，贝丝也都没有在场。

但薛明升很擅长以贝丝为筹码来胁迫玛丽。比如在强暴过程中，如果玛丽表现得不够"爱他"，之后薛明升就会抓住贝丝，将她塞进一只大塑料袋里，然后对玛丽说："你见过有人死于窒息吗？你马上就会眼睁睁地看着自己的女儿这样死掉。"

接着他就把袋口系紧，冷冰冰地说道："大概会持续四到五分钟，等她的氧气用完，就死翘翘了。"

直到玛丽屈从（比如吻他或说自己爱他），他才会松开袋子。

他去工作的时候，也只将玛丽一个人锁在壁橱里。他会把贝丝带走，塞进一个纸盒，反锁在自己的面包车里，在闷热的夏天里一锁就是八个小时（贝丝日后觉得自己竟然没死是一个奇迹）。

他算准了，玛丽不会抛下女儿独自逃走或是求助。而贝丝也同样不敢逃跑，因为薛明升告诉她，只要她不见了踪影，他就会立即杀掉她的母亲。

在薛明升的逼迫下，玛丽先后给丈夫欧文写了两封信，第一封说自己没有失踪，只是离开了他；第二封则强烈"建议"警方停止参与，否则自己将永远不会再出现。这两封信都被 FBI 拿去"分析"，但直到玛丽最终逃出了薛明升的魔掌，FBI 也没分析出个所以然来……

8. 重获自由

也许是自满于自己完全骗过了警方，也许是因为玛丽母女比较"乖巧"，薛明升渐渐放松了"管制"。虽然仍被锁在一起，但玛丽和贝丝被允许到楼上的厨房吃饭（之前吃喝拉撒都在壁橱里），每隔十天，她们可以洗一次澡。

他还让贝丝看电视，还给她买了一副桌游，用一种诡异的怜爱语调，叫她"贝茜"（贝丝的昵称），仿佛他是一个疼爱女儿的父亲。贝丝回忆说，她当时只觉得这种叫法很恶心，但事后回想起来却令她感到毛骨悚然。

在劫持玛丽和贝丝一个月后，薛明升要去芝加哥参加一场招聘会。他竟然租了一辆房车，带着玛丽和贝丝，顺便进行了一次"公路旅行"。他甚至带着她们，到威斯康星州麦迪逊市的一家百货商场去买衣服（自从被劫持，玛丽和贝丝就没换过衣服），以便装成"一家人"的模样出行。

在商场里，他紧紧控制住贝丝，所以玛丽不敢有任何轻举妄动，不过她仍然想方设法地求救。她用一张旅行支票付款，希望银行能够通知相关执法部门。

玛丽失踪后，欧文立即就将妻子手上有旅行支票这件事告诉了FBI。但显然，FBI并没有把这件事放在心上，也没有嘱咐银行关注这张支票的使用情况。玛丽的这个求救信号也便如石沉大海，无人回应。

还曾有一次，贝丝被短暂地独自留在房车上（当然是被捆绑着），一群十几岁的男孩刚好路过，她勇敢地爬到窗口，用尽全力向他们高喊："你们能帮助我们吗？我们被绑架了！"

男孩们却爆发出一阵恶毒的嘲笑声，告诉她"别再编故事"，而后头也不回地走掉了。

在这之后，薛明升越发胆大起来。1980 年 7 月 4 日（美国国庆节）这天，他甚至带着玛丽和贝丝去了科莫公园（Como Park），然后去一家餐厅吃晚饭，之后还到明尼苏达大学圣保罗农业校区看烟火。

玛丽回忆说，一路上她们至少看到了三辆警车，但她依旧不敢呼救，因为薛明升一直用枪抵着贝丝的后背。

被囚禁期间，玛丽每天都会给女儿讲述圣经故事。虽然得救的机会似乎一次又一次地和她们擦肩而过，但她依旧告诉女儿，要保持希望和信心。

1980 年 7 月 7 日，玛丽和贝丝已经被劫持了整整 53 天，这天早上，薛明升告诉玛丽，他准备卖掉这栋房子，买一辆露营车，然后和母女二人"周游美国"。

一旦离开明州，那么她们被找到的概率就更是微乎其微，玛丽意识到，这是她们最后的机会了。

由于玛丽母女最近的"良好表现"，薛明升不再将她们分开，也不再将她们锁进壁橱里，而是先将她们两人绑在一起，再用另一条锁链将她们绑在壁橱的顶端，之后以锁链的长度为半径，允许她们在卧室里"自由活动"。

薛明升去工作后，玛丽回想起小时候父亲的做法，用一根之前偷藏的发夹，卸下了壁橱门折页上的销钉。

接着她拔出销钉，那条绑在壁橱上的锁链随之掉落（但她们身上的锁链还在），玛丽抓住女儿的手，对她说道："我们走吧。"

玛丽在卧室里找到了一个干洗店的标签，上面写着：罗斯维尔市哈姆莱大街160号。这时她才终于知道，自己被囚禁的这栋房子究竟在什么地方，而这里距离玛丽自己的家只有9.66公里。

母女两人不住地发抖，感觉每一秒薛明升都会回来，仍被绑在一起的她们，跌跌撞撞地来到了楼上的电话机旁，拨通了拉姆齐县治安官办公室的电话。

玛丽用颤抖的声音，一字一顿地说道："我是玛丽·斯托弗，雅顿山（玛丽母女被劫持的地区）绑架案的受害者，我希望有人来接我们。"

福勒警长确认了她们的地址，又问道："杰森和你在一起吗？"

这时玛丽才知道，那个叫杰森的小男孩再也没能回家。

报警之后，玛丽和贝丝离开了房子，躲在一辆旧车的后面。

几分钟后，警察抵达了现场，在被监禁53天之后，她们终于自由了。

不久之后，欧文也从 FBI 那里（他们此时还在"分析"那两封信）得知妻女获救的消息，连忙带着儿子史蒂夫赶到了警局。

玛丽回忆说，她的第一个反应是史蒂夫的裤子短了。在这将近两个月的时间里，小男孩悄悄地长高了，而他一直活在恐惧和忧虑里的父亲忘记了为他添置新衣。

9. 染血的法庭

另一方面，FBI 来到了薛明升的电器商店，将他一举抓获。

薛明升先被带到拉姆齐县的拘留中心。在这里，他让自己的狱友理查德·格林（Richard Green），帮助他杀死玛丽和贝丝（格林即将出狱），以防止她们在法庭上指控他，并向格林许诺五万美元作为报酬。然而，格林把这件事告诉了 FBI（当然一开始并不情愿），薛明升的"灭口计划"没能实现。

1980 年，薛明升以涉嫌绑架罪和强奸罪第一次受审。在玛丽出庭做证的时候，薛明升突然从椅子上跳起来，冲向证人席上的玛丽，幸亏检察官汤姆·伯格（Tom Berg）手疾眼快，一把抓住了薛明升。

这次审判中，他被判处 30 年监禁。

薛明升的第二项指控，是对小男孩杰森的绑架。杰森的父母在儿子失踪的五个月里经历了地狱般的折磨。因为至今都没有找到杰森的尸体，检方无法以谋杀罪起诉他。最终经过杰森父母的同意，检方和薛明升达成了认罪协定，检方同意不以一级谋杀罪起诉他，以此换回杰森的尸体。

1980 年 10 月下旬，在薛明升的指引下，FBI 终于在卡洛斯·艾弗里野生动物保护区寻回了杰森的尸体，此时离他失踪已经过去了 166 天。

在薛明升被指控杀害杰森的审判中，玛丽需要再次做证。在她出庭做证的时候，薛明升突然跳过桌子，用一把不知通过什么途径带进法庭的尖刀狠狠割伤了玛丽的脸。玛丽被紧急送往医院，伤口处一共缝了 62 针。

虽然薛明升的辩护律师试图以精神失常为他辩护，但心理评估显示他没有任何精神疾病的迹象。在这项审判中，薛明升因二级谋杀罪和绑架罪被判处 40 年监禁。和之前的 30 年刑期叠加在一起，薛明升需要服刑 70 年。

自始至终，薛明升都毫无悔意。他威胁玛丽，只要他有出狱的那天，第一件事就是杀了她，如果她死了，那他就杀掉她的孩子。

2010 年 7 月 6 日，薛明升获得了假释资格，不过阿诺卡县地区法官珍妮·贾斯珀（Jenny Jasper）拒绝了他的假释申请，裁定薛明升仍对社会构成威胁，他将在监狱中度过余生。

2016 年，薛明升再次申请假释，也同样被拒绝。2022 年时，他已经 72 岁了。

这对玛丽一家来说无疑是个好消息。

10. 劫难之后

玛丽和贝丝没有生活在阴影中。

1981 年，玛丽伤势痊愈之后，她和丈夫再度回到了菲律宾，继续追求他们之前被打断的梦想和使命。

玛丽把这段遭遇视作自己生活中的一段"劫难"，劫难虽然可怕，然而它只是生命中的一段插曲，它无法毁掉未来，生活仍会继续。

玛丽的后半生无疑是美好的，她和丈夫欧文白头偕老。随着一儿一女双双结婚生子，他们也幸福地晋升为（外）祖父母。

从菲律宾光荣退休之后，玛丽和欧文又回到了美国，定居在赫尔曼敦的老房子里。在那里，玛丽度过了少女时代、考上了大学、与丈夫欧文初次见面。虽然已是满头白发，玛丽·斯托弗依然美丽动人。

贝丝如今也已长大成人，她终于明白，当年的母亲曾为她做过怎样的牺牲。虽然在她们获救之后，母亲就曾告诉她薛明升对自己做了什么，但直到几年以后，贝丝才真正明白这些话的含意，并因此愤怒了很长时间。不过贝丝从怒火中走了出来，她在一次采访中说："我不觉得自己是可怜的受害者，没错，他当年的确伤害了我，但我早就走出了那段阴影，我可以恋爱、结婚、生子，过我想过的生活。而他的余生都要烂在监狱里，他才是可怜的那个。"

不让加害者获胜的最好方式，就是好好地生活。

2019年，Lifetime女性频道（隶属于美国A&E电视公司）拍摄了一部名叫《绑架疑云：被消失的53天》（*Abducted: The Mary Stauffer Story*）的纪实电影，玛丽·斯托弗这段遭遇再度引发了广泛的关注。

杰森一家在此案之后基本上拒绝了所有的采访。对于纪实电影，他们没有发表评论。薛明升在2010年申请假释的时候，杰森一家已经离开了明尼苏达，没有出庭，他们通过杰森的舅舅了解审判进展。

薛明升的假释被否决后，杰森的舅舅代表杰森的父母，告诉薛明升的母亲，他们一家已经原谅了薛明升。

对于薛明升的假释被拒，玛丽接受了采访。她表示，虽然自己和女儿贝丝早已努力将那段"劫难"封印在过去，继续她们的生活，但薛明升的假释被拒，对她们和家人而言，依旧是个"解脱"。

之后玛丽就没有再出现在公众面前。

截至目前我没有发现她的讣告，所以这位现年78岁的伟大女性一定和她的家人一起，仍然低调、努力而勇敢地生活着。

（作者：安非锐）

7

"嬉皮小道"上的
比基尼杀手

　　活跃于 20 世纪 70 年代的臭名昭著的连环杀手查尔斯·索布莱（Charles Sobhraj），有一个别名叫"比基尼杀手"。

　　不过，他的罪行可不像绰号这么香艳，相反，只会令你毛骨悚然。他流窜于亚洲各国，杀害了至少十几名西方背包客。而在他被捕背后，还有一个外交官扮演侦探追凶的故事。

1. "嬉皮小道"上的猎杀者

　　20 世纪 60 年代至 70 年代，有一条著名的"嬉皮小道"（hippie trail），它通常从西欧的主要城市开始，第一站是土耳其的伊斯坦布尔，从那里一直向东，路线虽然各不相同，但通常都会穿越伊朗、阿富汗、巴基斯坦、印度和尼泊尔，最终抵达泰国。

　　走在这条路上的旅行者，大多是追求"启蒙"和"自由"的年轻人，这些西方游客通常被冒险和模糊的"东方文化"（以及廉价的毒品）所吸引，他们往往乘坐大巴、住宿在青旅等廉价旅店，并渴望和当地人结交朋友，以此更好地感受东方的"文化和生活方式"。

而一条毒蛇也在这条小道上，惬意地寻觅自己的猎物。

设想一下这种情况，如果你也是这些背包客中的一员，此时行程过半，正在印度、尼泊尔或者中国香港兴致勃勃地观光，突然你发现，自己的护照（或者钱包）不见了。

想必你会相当慌乱吧。

正当你心急如焚、不知所措的时候，一个风度翩翩、衣着高雅的男子走上前来，他看起来是个亚洲人，却能说流利的法语和英语。这个叫阿兰（Alan）的男子不仅帮你找到了丢失的护照（钱包），还热心地为你科普当地的常识。就算你是孤身一人的旅客，也不会产生戒心，因为他的身边还有一位年轻的白人女子，那是他的妻子"莫妮克"。

不久之后，你就和这对看起来很恩爱的情侣，一起愉快地共进晚餐，这位男子自称是一位珠宝商，在曼谷有栋大房子，他还真诚地告诉你，等到了泰国（大部分旅行者的终点站）的时候，欢迎到那里一住。

一段时间之后，你终于来到了泰国。当你走出海关的时候，一个名叫阿贾伊（Ajay）的印度人立即迎了上来，殷勤地替你提行李，并告诉你，"他的老板"已经恭候多时了。

如果你还想先去预订的旅店，印度人就会添油加醋地向你描述，那里如何肮脏又危险，可怕至极——一路旅行下来，你也真的受够了这种廉价的小旅馆，于是便上了印度人的车。

不久，你们抵达了目的地，那是一所名叫"卡尼特之家"（Kanit House）的五层宽敞住宅，还有一个豪华的大游泳池。阿兰和莫妮克走出来迎接你，仿佛在招呼一个多年的老朋友，还有不少和你一样的异乡人，也在泳池旁边欢笑嬉戏。

你如释重负，一瞬间还有点惭愧，这对夫妻如此热情好客，你却以小人之心揣度他们。你被安置在一间舒适的客房里，整日享受着泳池、派对和美酒佳肴——然而好景不长，你很快莫名其妙地病倒了。

这对夫妻无微不至地"照顾"你，还从药店买来各种"特效药"。可是，只要你提出去医院就医，他们就会竭力劝阻你。被病痛折磨的当口，你恍惚回忆起自己与这对夫妻相遇的时刻，一个念头突然令你不寒而栗：那个护照（钱包），真的是不小心遗失的吗？还是说，有人先偷走了它，以达到结识你的目的？

然而，就算你明白了这些，一切都已太迟。不久之后的深夜里，你被塞进了一辆汽车的后座，驶向泰国的芭堤雅（Pattaya）。在途中某个荒无人烟的海滨，汽车缓缓停了下来，那位"珠宝商"阿兰悠闲地抽着烟，注视着印度人将无力反抗但神志仍然清醒的你抬出车外……

类似的事情发生了许多次。故事的起因并不总是丢失的护照或钱包，有时是便宜的毒品或是珠宝，不幸的是，结局却总是如此相似。

根据国际刑警组织估计，1975 年至 1976 年这短短一年的时间里，在南亚和东南亚，至少有 24 人丧命于"阿兰"之手，其中可以确定姓名的有 11 位。

大家一定好奇，这个阿兰到底是什么人？他为什么要杀他们？

让我们先看看这 11 起案件吧。

2. 11 个无法回家的人

（因为大部分案件的案发时间模糊，所以受害人根据相互之间的关联，而非严格的时间顺序排列。）

（1）特蕾莎·诺尔顿（Teresa Knowlton）

1975 年的春天，21 岁的美国姑娘特蕾莎·诺尔顿只身来到曼谷。

特蕾莎是一位宗教朝圣者，她在家乡西雅图过得很不快乐，于是打算在尼泊尔的寺院出家修行，通过研习佛理来"寻找自我"。

不幸的是，特蕾莎没有按原计划直接前往尼泊尔，反而在曼谷"邂逅"了阿兰一伙人，参加了他们在"卡尼特之家"举办的一个狂欢派对，那晚之后，特蕾莎便下落不明（此后可能遭到了长时间囚禁）。

阿兰杀害特蕾莎的动机至今仍不清楚，一种观点认为，阿兰想要诱骗她帮自己走私珠宝，遭到拒绝后便杀人灭口；另有人推测，特蕾莎携带了不少准备捐献给寺庙的"功德金"，行事又不够谨慎，不小心"露了财"。

1975 年 10 月 18 日，一个农夫在泰国湾的一个潮汐池（海水退潮时留下的水洼）中，发现了特蕾莎的尸体，她穿着暴露的比基尼，没有任何能够证明身份的东西。

起初，泰国警方认为这位年轻姑娘，和其他许多嬉皮士一样，在一夜的狂欢之后，因为大麻和酒精而变得晕晕乎乎，只身跑到海中游泳，结果溺水身亡。因为这样的"不幸"时有发生，警方根本没有进行尸检，就草草地以"意外溺水事故"结了案。

直到半年之后，国际刑警重新调查这起"意外"，才发现特蕾莎的后脑和颈部都有外力作用造成的痕迹，也就是说，曾有人用强力将她的头按入海水中，直到她淹死为止。

特蕾莎·诺尔顿是已知的第一个受害者，当然这一切才只是开始。

（2）维塔利·哈基姆（Vitali Hakim）

第二个受害者，是个名叫维塔利·哈基姆的土耳其毒贩。

阿兰杀害维塔利的原因同样不明。虽然除了珠宝商的身份，阿兰偶尔也会伪装成毒贩子，接近和诱骗更加"狂野"的西方背包客，但他对毒品买卖似乎兴趣不大。不过他确实需要大量的"药物"，来给他的"目标"们下毒，所以维塔利手上的"货物"，或许是阿兰下手的原因之一。

和阿兰结识后（具体时间不明），维塔利也痛痛快快地搬进了"卡尼特之家"，丝毫不知厄运将至。不久，他在阿兰和阿贾伊的陪同下，前往芭堤雅一起"度假"，一去不返。然而他的衣物、护照和旅行支票，都依然留在曼谷，被收进了阿兰的保险箱里。

1975 年 11 月末，人们在曼谷—芭堤雅的高速公路边，发现了一具严重烧毁的男性尸体，受害者先是遭受了残忍的暴力殴打，无力反抗之后，再被浇上汽油活活烧死。泰国警方的结论是，这位男子遭到了土匪的袭击，他们根本没有将这起案子，与那个身穿比基尼的溺水女孩联系在一起。

然而却有两个人将维塔利的失踪和"卡尼特之家"联系了起来。

（3）斯蒂芬妮·帕里（Stéphanie Parry）

第三个受害者斯蒂芬妮·帕里是第二个受害者维塔利的贩毒"联络人"。因为维塔利迟迟没有供货，她前往酒店寻找维塔利，却发现他早在几周前就退了房。

凭借毒贩们通常相当灵通的消息网络，斯蒂芬妮·帕里追溯到了维塔利的行踪。接待她的阿兰一面虚与委蛇，一面在她的饮料里下了药，之后他像对待特蕾莎·诺尔顿那样，将她带到了海边……

1975 年 12 月中旬，人们发现了斯蒂芬妮·帕里的尸体，虽然表面上也是溺水身亡，但真正的死因是勒杀造成的窒息。凶手在杀戮时，似乎表现出了极度的愤怒，斯蒂芬妮脖颈上的骨头几乎全部粉碎。

（4）查玛妮·卡鲁（Charmayne Carrou）

查玛妮·卡鲁是土耳其人维塔利·哈基姆的法国女朋友。因为维塔利突然没了音信，查玛妮非常担心，她将女儿送到巴黎的母亲家，只身前往曼谷，也找到了"卡尼特之家"。和第三个受害者斯蒂芬妮·帕里一样，查玛妮·卡鲁也因为"问了太多问题"而惨遭毒手，她被扔进泰国湾里，穿着与特蕾莎·诺尔顿风格相似的比基尼。

泰国警方当时并未将这两起谋杀案联系起来，但因为这两套相似的泳衣，让日后的各国媒体为查尔斯·阿兰取名为"比基尼杀手"。

（5）安德烈·布勒尼奥（Andre Breugnot）

1975年9月21日，阿兰又在泰国清迈迷晕了一个名叫安德烈·布勒尼奥的毒贩，之后将他放进酒店的浴缸里，制造出酒后溺水身亡的假象。

泰国警方根本没有对此立案，他和许多狂欢后猝死的外国游客一样，很快就被遗忘了。

（6）亨克·宾坦贾（Henk Bintanja）

（7）科妮莉亚·海姆克（Cornelia Hemker）

接下来的受害者是一对来自阿姆斯特丹的情侣：29 岁的亨克·宾坦贾和 25 岁的科妮莉亚·海姆克。

亨克·宾坦贾是荷兰和印尼混血儿，科妮莉亚·海姆克则是个金发碧眼的白人姑娘，两人幸福地生活在一栋运河边的小房子里，节俭而安静，正打算结婚。

他们生活中唯一的缺憾，就是亨克职业生涯的不顺心。虽然拥有化学硕士学位，但混血儿的身份，却让他在国内求职屡屡碰壁。找不到与自己智力相称的工作，让亨克非常沮丧，于是在 1975 年年初，他向女友提议，想去东方"寻根"并"看看世界"。身为护士的科妮莉亚毫不犹豫地同意了，并开始努力加班赚取旅行费。

几个月后，这对情侣来到香港，不知怎么和珠宝商阿兰结识了。阿兰邀请他们到凯悦酒店共进午餐，带领他们在尖沙咀的精品店长廊漫步，接着又乘坐世界上最好的渡轮，穿过维多利亚港碧蓝的海湾，来到免税购物区进行"宝石探险"，最后以极为低廉的"优惠价"，卖给科妮莉亚一枚精美的蓝宝石戒指……

这些经历令这对荷兰情侣大开眼界，他们分别给家人写了一封长信，不厌其烦地描述这位迷人的"新朋友"和令人眼花缭乱的"奇迹体验"，科妮莉亚在结尾中写道：

"我们的新朋友名叫阿兰·戈蒂埃（Alain Gautier），他非常富有、乐于助人，又慷慨大方，他邀请我们去曼谷拜访他！"

几个月之后，这些信件成了几乎半个世界执法部门的"珍贵信源"，因为正是由于它们透露的信息，这条毒蛇的罪行才终于一点点被揭开。然而对亨克和科妮莉亚来说，在曼谷等待他们的只有无尽的黑色旋涡。

1975年12月10日，这对情侣抵达了曼谷机场，印度人阿贾伊立即迎了上来，热情地拥抱他们——这本该引起他们的警惕，因为他们从未告知"阿兰"自己何时抵达（阿兰一直通过香港航空公司的朋友，密切"关注"着这对情侣的旅行动态），然而他们没有多想，开开心心地跟随阿贾伊，前往"卡尼特之家"。

12月16日，这对情侣的尸体在距离曼谷58公里的高速公路旁被发现，两人都是先被下药、毒打（一块木板甚至砸进了科妮莉亚的头骨），然后被周身淋上汽油，活活烧死。

烈焰中他们痛苦地扭动身体，不由自主地向彼此伸出手，他们焦黑得不成人形的尸体依然十指相扣。

12月18日，《曼谷邮报》(*Bangkok Post*) 的头版上刊登了他们遇害的消息，然而这篇报道是错误的，因为泰国警方将他们错认成了"一对澳大利亚夫妇"。

（8）洛朗·卡里埃（Laurent Carrière）

（9）康妮·布朗齐奇（Connie Bronzich）

除了将受害人的随身财物和现金据为己有之外，阿兰还会保留他们的护照，并最大限度地"物尽其用"。他会先取下受害人的照片，根据性别和国籍，换成莫妮克、阿贾伊或者自己的照片，再伪造出照片上的印章——这一招可以说相当高明，20世纪70年代的防伪验证技术还不够先进，护照的查验只能靠肉眼判断。海关官员一般只会关注照片和本人是否一致，不会想到去深究照片上的印章，护照本身和出入境记录又都货真价实，所以它们从未引起任何人的怀疑。

就在《曼谷邮报》刊登亨克和科妮莉亚遇害消息的当天（1975年12月18日），阿兰和莫妮克使用这对荷兰情侣的护照，抵达了尼泊尔的加德满都。

在那里，他们结识了另一对背包客情侣，洛朗·卡里埃和康妮·布朗齐奇。

洛朗·卡里埃 26 岁，是加拿大公民，康妮·布朗齐奇是个美国姑娘，29 岁，他们在"嬉皮小道"的长途大巴上邂逅，很快坠入爱河。大约在 12 月 21 日或 22 日，阿兰以带领他们登山观光为由，在某个偏僻的山坳里杀害了他们，并将两人被焚毁的尸体分别丢弃在两个不同的地方。

在尼泊尔警方确定这对情侣的身份之前，阿兰和莫妮克再次故技重施，用他们的护照，前往印度。

（10）雅沃尼·雅各布（Avoni Jacob）

接下来，在印度的瓦拉纳西或者加尔各答，阿兰又谋杀了一个名叫雅沃尼·雅各布的以色列学者，并用他的护照，前往新加坡，直到 1976 年 3 月，一行人才返回曼谷。

（11）让－吕克·所罗门（Jean-Luc Solomon）

法国游客让－吕克·所罗门是最后一个受害人，阿兰在被国际刑警组织通缉期间（这之前发生的事情，我们会在下文详谈）故技重施，在印度孟买给所罗门下毒。讽刺的是，虽然当时全世界的执法部门都在通缉这位"比基尼杀手"，但阿兰被捕后，印度警方才将这起案子和他联系起来……

通过不断使用遇害者的身份和国籍，阿兰成功地迷惑了各国警方，导致很长时间以来，都无人将他所犯的案件（除了谋杀之外，还有众多诈骗、抢劫和偷盗案）联系起来。正因为阿兰狡诈莫测的反侦查能力，再加上他的冷血与阴狠，国际刑警组织在日后，将他称为"分裂杀手"（the Splitting Killer）和"毒蛇"（the Serpent）。

只有一个人注意到了这些案子，这个人名叫赫尔曼·克尼彭伯格（Herman Knippenberg），但他并不隶属于任何一个执法部门，而是一个小小的外交官。

3. 被迫做侦探的外交官

1976 年年初的时候，荷兰小伙赫尔曼刚刚被调到泰国，在荷兰使馆担任三等秘书。

他的妻子安吉拉·凯恩（Angela Kane）是德国人，两人是美国约翰霍普金斯大学的研究生校友，安吉拉极具语言天赋，在泰国生活没几个月，她就学会了泰语，这为他们日后的调查提供了很大帮助。

三等秘书官衔不大，琐事不少。1976年年初，赫尔曼接到两个荷兰家庭的求助，他们的儿子和女儿是一对未婚夫妻，正在东南亚进行长途旅行，但从中国香港前往泰国之后就没了音信——你猜得没错，这对未婚夫妻就是第六和第七位受害者，亨克·宾坦贾和科妮莉亚·海姆克。

在赫尔曼的上司看来，"现在年轻人都不爱和家里联系"，压根儿没把这事放在心上。但赫尔曼却不然，他仔细阅读了两个家庭的信函资料，认为这两个年轻人绝不是那种会突然失联的类型，所以不断地拿这件事"骚扰"上司。

他的上司命令他忘记它，"这是警察的事，不是你的"，但赫尔曼却无法释怀，这对失踪的年轻人牵扯着两个心急如焚的荷兰家庭，他决定再多调查一下，起码要给他们一点交代。

赫尔曼私下联系了一个名叫保罗·西蒙斯（Paul Siemons）的比利时外交人员，保罗·西蒙斯在东南亚任职多年，对这类事情有着丰富的经验，虽然有点玩世不恭，但不失正义感和同情心，在他的建议和帮助下，赫尔曼开始寻找亨克和科妮莉亚。

他首先前往机场，调查两人的入境登记卡，结果发现两人虽然平安抵达了泰国，却没有前往原本预订的青年旅馆，那么，究竟是什么事情（或者谁）让两人改变了行程呢？

恰在此时，赫尔曼从一位（醉醺醺的）澳大利亚使馆官员那里听说了一对"澳大利亚夫妇"的故事。

前文中提到过，亨克和科妮莉亚遇害后，泰国警方将他们错认成另一对失联的澳大利亚夫妇。谁知不久之后，这对夫妇又突然出现了（他们之前在"闭关清修"），此案就不了了之，泰国警方也根本没有更正信息。

不过赫尔曼却上了心，他从荷兰国内找到了亨克和科妮莉亚的牙科诊所记录，又到泰国太平间里与尸体残骸进行比对，终于确认了两人的身份。

然而，当赫尔曼将这个结果交给泰国警方，希望他们展开调查时，警方却告诉他："我们人手有限，还得去搞定叛乱分子，要不在我们的（非官方）授权下，你自己继续调查？"

赫尔曼对如此不靠谱的警方相当无语，也更加坚定地想要弄清事情的真相，因为如果他也放弃追查，那么就真的再也不会有人关心这对情侣的悲惨遭遇了。

从受害者的父母那里，赫尔曼拿到了亨克和科妮莉亚写给家里的所有信件，仔细研读之后，他怀疑令这对情侣临时改变计划的，就是信中提到的这位珠宝商"阿兰·戈蒂埃"。

就在赫尔曼偷偷打听这位珠宝商的事迹的时候，却发现了另一件事，大约三个月前，曾有一个法国女人跑遍了欧美几大国家的使馆，指控这位"阿兰·戈蒂埃"涉嫌下药、抢劫和谋杀，但没有任何一家使馆把她的话当回事。

这个"疯疯癫癫的女人"，是阿兰的邻居娜迪恩·吉瑞斯（Nadine Gires）。

4. 与恶魔为邻的法国夫妻

阿兰和"妻子"莫妮克搬到"卡尼特之家"后，因为年龄相仿，母语又都是法语，很快和自己的邻居、法国夫妻娜迪恩和雷米·吉瑞斯熟络起来。

雷米是某个餐厅的副主厨，平时工作很忙，独自身在异乡的娜迪恩便经常去这两位新朋友家打发时间。她和莫妮克成了好朋友，后者经常留她吃晚餐，用牛排和沙拉这样昂贵又稀有的"家乡菜"招待她；阿兰则陪她参加法国大使馆举办的文化活动，并很快混入了泰国的欧洲人圈子，和这些人做起珠宝生意（他另有一个泰国"未婚妻"，为他提供合法的珠宝来源证明）。

每次做成一单生意，他都不忘分给娜迪恩一份不菲的"介绍费"，平时也经常送她各种小礼物（后来娜迪恩发现，这些"礼物"其实都是受害者的遗物……），两家的关系相当不错。

当然，无论是娜迪恩还是雷米，都从未觉察阿兰的罪行。在他们看来，这位邻居慷慨又有魅力，并且非常热情好客，家中总是有新朋友光临，虽然这些人来去匆匆，很快就不见了踪影，但这毕竟是旅行者的常态，不是吗？

真正让他们改变看法的，是个名叫多米尼克·雷内洛（Dominique Renelleau）的年轻人。

在"卡尼特之家"里，除了阿兰、莫妮克、阿贾伊和那些"短期客人"外，还住着三个"长期房客"，他们是雅尼克（Yannick Masy）和雅克（Jacques）及多米尼克。

雅尼克和雅克曾经还做过警察，他们离职后到泰国度假，结果丢失了护照，阿兰（护照自然是他偷的）"热心"地帮助两个前警察挂失寻找，和他们成了"好朋友"；多米尼克和阿兰在清迈结识，不幸染上"痢疾"之后，阿兰（药当然也是他下的）对他细心照顾，还把他接回家中"养病"。

通过这样的方法，阿兰骗取了三个人的感激和信任，接着又通过不时下药让他们保持病恹恹的状态，再以"你不知感激竟然怀疑我"进行情感勒索和洗脑，又趁机扣留了他们的护照和旅行支票，将这三个人"软禁"在"卡尼特之家"，让他们做自己的司机、随从和免费的勤杂工。

需要说明的是，这三个人从未参与过任何一场谋杀，所有的谋杀案都是由阿兰主谋，阿贾伊"出力"，但居住在同一个屋檐下的三个人，不可能看不出一点蛛丝马迹。不过，他们谁也不敢向外人吐露，甚至不敢提出怀疑——因为他们明白，只要乱说一句，下一个"外出度假"的客人就轮到了自己。

这三个人中，多米尼克最年轻，是个内向羞怯的大男孩，但正因为阿兰和阿贾伊认定他"没种"，反而对他的洗脑力度最轻。

1975 年 12 月 18 日，阿兰一伙使用荷兰情侣的护照，前往尼泊尔，留下三个法国人"看家"。濒临崩溃的多米尼克，把自己长久以来的恐惧和猜测，告诉了雷米和娜迪恩。

在这对夫妻的逼问之下，雅尼克和雅克也崩溃了，他们把自己数月以来的所见所闻，一股脑地说了出来：

比如，那个据说在芭堤雅度假的土耳其人，行李箱却依旧放在公寓的仓库里；某天午夜，他们看见阿兰和阿贾伊，将那对神志不清的荷兰情侣强行塞进了汽车；有一个美国女孩来参加派对，结果第二天，她背包里那只随身携带的闹钟，就成了客房里"新买的"装饰品……

雷米和娜迪恩主张立刻报警，却被雅尼克他们极力阻止了，因为阿兰在警局里"有人"，报警非但不会立案，还会危及雷米夫妇的安全（还有一种说法称，雅尼克三人确实去报了警，但警方根本未予理睬）。

于是在帮助这三个身无分文的人跑路之后，娜迪恩前往欧美各大使馆寻求帮助，可是所有的使馆都以"如果是真的，那你应该去找警察"这样的回答敷衍了事——直到三个月后，一个名叫赫尔曼·克尼彭伯格的外交官，才终于愿意认真听一听她的故事。

按照"通常"的标准来看，娜迪恩虽然错误地和阿兰这样的人交了朋友，但她从未参与他任何的犯罪行为（就算是为他介绍客户，买卖本身也是合法的，只是珠宝来源不明），之后帮助三个受害者逃跑，又跑遍使馆报案，算是"尽到了责任"，足以良心安稳。

然而这位法国少妇显然比大多数的使馆人员和警察都更具有勇气、良知和正义感，她不仅将自己所知的所有信息，全都提供给赫尔曼，还在阿兰一行人回到泰国之后，冒着生命危险潜入"卡尼特之家"拍照取证。这两对夫妇和保罗·西蒙斯组成了一个五人"侦探团",这一系列谋杀案,就是在这五个人的努力之下才渐渐浮出了水面——讽刺的是,这五个人里没有一个是执法人员。

5. 道高一尺,魔高一丈

1976年3月,阿兰三人组(阿兰、莫妮克和阿贾伊)回到了曼谷,阿兰发现"卡尼特之家"的三个"房客"不见了踪影,立刻警觉起来。

他表面上依旧装作风轻云淡,暗地里一面嘱咐阿贾伊密切监视邻居娜迪恩和雷米,一面取出所有的现金,找到自己那位泰国"未婚妻",让她将所有现金都换成方便携带的宝石。

几乎与此同时,赫尔曼终于说服了泰国警方,签发了对阿兰、莫妮克和阿贾伊的逮捕令。

泰国警方对三人进行了审问,他们则统一口径,一问三不知。警方掌握的证据(都是由赫尔曼提供的)虽然都是间接证据,但只要他们以此立案,对"卡尼特之家"进行彻底搜查,那么大概率会取得关键性物证。

当时还有一种传言是,泰国当局担心,如果大动干戈地调查谋杀，负面新闻会影响本国的旅游业，竟然将人释放了……还有另一种说法是阿兰重金贿赂了看守，连夜越狱。

阿兰三人组获得自由之后，立刻带上珠宝，逃之夭夭。接着他们前往马来西亚，在又盗窃了一大批珠宝后，阿兰"处理"掉了"好兄弟"阿贾伊，和莫妮克一起，惬意地前往巴黎。

后来，警方终于"批准"赫尔曼等人搜查"卡尼特之家"，他们在那里找到了受害者们的护照、各种毒药以及莫妮克的日记，但那时距离阿兰三人组离开泰国，已经整整一月有余。

在阅读莫妮克的日记时，赫尔曼发现，这位"莫妮克"的真名叫作玛丽-安德莉·勒克莱尔（Marie-Andrée Leclerc），来自加拿大魁北克。

而警方后来才发现，那位珠宝商真名也不叫"阿兰"，而是"查尔斯·索布莱"。这个人又是谁呢？

6. 国际逮捕令

眼看泰国警方不打算立案，各国使馆也对自己不予理睬，赫尔曼·克尼彭伯格决定破釜沉舟，将案件的相关信息，透露给了当时泰国最大的英文报纸——《曼谷邮报》。

赫尔曼这一举动，可以说是毁掉了自己的仕途，因为这个不遵守外交官"职业操守"的"污点"，他之后的外交官生涯基本上不会有什么美满前程了。

但事实证明，赫尔曼的这着"险棋"走对了，因为这篇报道引起了一个名叫颂坡·苏西迈（Sompol Suthimai）的泰国人的注意。

苏西迈是国际刑警组织泰国分部的成员，当时正为一件失踪案一筹莫展。一位法国老妇人称，她的女儿前往泰国寻找失联的男友，结果女儿自己也音信全无，法国警方（失踪的女儿是法国公民）却以"缺乏证据"而不予立案。无奈之下，老妇人只好向国际刑警组织请求帮助。

这位女士失踪的女儿，就是索布莱的第四位受害人查玛妮·卡鲁，而她寻找的男友自然就是第二个受害人、土耳其人维塔利·哈基姆——赫尔曼调查的连环杀人案和国际刑警的失踪案重合在了一起。

国际刑警终于展开了对索布莱的立案调查，他们挖出了维塔利·哈基姆和第一个受害者特蕾莎·诺尔顿的尸体，重新进行尸检。在这之后，国际刑警组织发布了对"阿兰·戈蒂埃"和玛丽－安德莉·勒克莱尔的国际逮捕令。

然而，直到巴黎的国际刑警组织找到了"阿兰·戈蒂埃"的母亲，才终于知道，这位"比基尼杀手"的真名叫作查尔斯·索布莱。

7. 查尔斯·索布莱是谁？

查尔斯·索布莱 1944 年出生于越南西贡（现在的胡志明市），母亲是越南人，父亲是个富有的印度商人。他的父母从未结婚，查尔斯的父亲很快就抛弃了这对母子，直到被继父收养，查尔斯·索布莱一直都是个无国籍的"黑户"。

查尔斯的母亲后来嫁了一个法国驻越南军官，又生了好几个孩子。后来全家搬去法国，查尔斯却感觉自己被抛弃了，他痛恨法国的寄宿学校，曾经多次尝试逃回西贡（最远的一次，甚至到了非洲东北部的吉布提）。

从表面上看，这似乎是后殖民时代的悲剧，是西方霸权和文化侵略之下，一个背井离乡的战争儿童的抗争故事。虽然索布莱后来经常拿"资本主义侵略""西方霸权"和种族仇恨，为自己辩解（以及对同伙洗脑），但在他身上从来没有任何的"政治性"，查尔斯·索布莱只是一个纯粹的犯罪分子。

从十几岁开始，查尔斯·索布莱就频繁进出青少年"改造学校"。1963 年，他因入室盗窃第一次被判入狱，他的母亲和继父便和他断绝了关系。

无论是改造学校的老师，还是监狱的官员们，都捉摸不透这个年轻人。一方面，他任性、固执、狂躁，有着不计后果的偏执；另一方面，他似乎细腻体贴又心思缜密。更显著的是，查尔斯·索布莱似乎有一种窥测人心的强大直觉和天赋，能够轻而易举地支配他人。

虽然没受过任何高等教育，查尔斯·索布莱却精通好几门语言，并且谈吐优雅，风度翩翩。他博览群书，最喜欢研读心理学和哲学书籍。他是弗里德里希·尼采的忠实信徒，最擅长拿（曲解的）"权力意志"理论给受害者洗脑，他最喜欢的一本书就是尼采的《善恶的彼岸》（*Jenseits von Gut und Böse*）。

坐牢期间，索布莱（他那时只有 19 岁）就轻易"套路"了监狱官员，给他提供诸多特殊的"照顾"，还免费为他从监狱外买来各种书籍；有个名叫费利克斯·德·埃斯科涅（Felix d'Escogne）的富家子弟，到监狱做志愿者，索布莱很快就和费利克斯成了"知己"，并在假释出狱之后，立即搬去费利克斯的豪宅，后者也心甘情愿地供养他，带他参加各种上流聚会。

　　他在巴黎的上流社会和底层社会之间穿梭得游刃有余，通过一系列的盗窃和诈骗积累财富（和犯罪经验）。不久，一个名叫香塔尔·孔帕尼翁（Chantal Compagnon）的巴黎女孩爱上了他，香塔尔来自一个富有又极度保守的家庭，不用说，她的家庭极力反对两人的恋情，但女孩对索布莱忠贞不渝。即使索布莱因为偷车被抓而又一次入狱，她也毫不动摇，索布莱一获得假释，他们就马上结了婚。

　　1970 年，索布莱和已经怀孕的香塔尔离开法国，一路坑蒙拐骗之后，他们在孟买暂时定居下来，在这里，香塔尔生下了一个名叫“乌莎”（Usha）的女孩。

　　索布莱通过汽车盗窃、诈骗和走私“谋生”，大约在这期间，他认识了日后的帮凶阿贾伊。1973 年，索布莱因持枪抢劫新德里阿育王酒店的珠宝被捕，在妻子香塔尔的帮助下，他假装阑尾炎发作，越狱逃到了阿富汗首都喀布尔。不久之后，他又因为非法出售武器再度被捕，索布莱故技重施，再度“阑尾炎发作”，被送到监狱的医院后，他给警卫下药，头也不回地逃到伊朗，将香塔尔一个人留在狭窄而肮脏的牢房里。

　　这件事是压垮香塔尔的最后一根稻草。在喀布尔获释出狱后，她回到了巴黎，后来改嫁，和女儿乌莎一起移居美国，但她一直未对索布莱忘情。

接下来，索布莱利用偷来的护照，在东欧和中欧各国逃窜。在伊斯坦布尔，他遇到了自己同父异母的弟弟安德鲁（André），兄弟俩开始搭档。他们在土耳其和希腊犯下了一系列罪行，最终在雅典被捕，索布莱说服了弟弟安德鲁，和他互换了身份，之后只身逃脱。被哥哥抛弃（和套路）的安德鲁，则被移交给土耳其警方，两罪并罚，判处 18 年监禁。

从雅典逃脱之后，索布莱又回到了印度，在那里，他遇见了玛丽 - 安德莉·勒克莱尔，也就是日后的"莫妮克"。

玛丽 - 安德莉·勒克莱尔生于加拿大魁北克，在一家医院担任医疗秘书，是个安静内向、没太见过世面的年轻女子，一遇到查尔斯·索布莱，就被他迷得神魂颠倒。

勒克莱尔缺乏安全感、低自尊又极度缺爱，她渴望逃离家乡的乏味生活，向往爱情和冒险。因为这些"优良品质"，索布莱将她留在身边，一步步"调教"成了"莫妮克"。

在被捕之后，勒克莱尔声称自己对所有的犯罪一无所知，这显然是个自欺欺人的谎言。勒克莱尔对索布莱极度痴迷，甚至达到了虔诚的程度，她的所有生活都以这个男人为核心，只要是能和他发生"联结"，一切都在所不惜。她在日记中写道："我对自己发誓，要千方百计地让他爱我，但我却一点一点地成了他的奴隶。"

接下来，索布莱带着"莫妮克"来到了曼谷，于是便有了上文中那一系列命案。

查尔斯·索布莱的杀人动机，多年来一直都是犯罪心理专家研究的课题。他们将他归为"亚精神病"患者，这类人完全不具备共情能力和怜悯心，但能够精准地模仿"情感"。

与大部分连环杀手不同的是，索布莱杀人的动机，似乎既不是出于性欲冲动，也不太享受杀人的"快感"（这些"体力活"通常都是由阿贾伊来做）。

他的目的也许是获取受害人的护照，以作为继续作案和逃脱的工具，以及获得他们的财物。背包客虽然省吃俭用，但由于是横跨欧亚的长期旅行，当时也没有即时转账，所以旅行支票上的钱和随身携带的现金一般都不少。

但同时，他又是个资深赌徒，总是一副"千金散去还复来"的姿态，对钱似乎也没那么在乎……目前的主流观点，认为他谋杀的目的是（不劳而获地）维持自己"上流社会"的生活方式，但索布莱杀人的深层动机，至今依旧是个谜。

8. "顶流"连环杀手

我们继续说索布莱和勒克莱尔。

国际逮捕令发布之后，两人从法国仓皇逃窜。他们一路狂奔，终于从欧洲逃回了南亚，这里是索布莱的"老地盘"，执法机关也相对薄弱（和无能），他们暂时安下了心。

抵达印度孟买之后，索布莱又将两个白人姑娘芭芭拉·史密斯（Barbara Smith）和玛丽·艾伦·伊瑟（Mary Ellen Eather）发展成了自己的新"属下"，他带着她们和玛丽-安德莉·勒克莱尔继续故技重施，第十一个受害者让-吕克·所罗门就是在这段时间遇害的。

1976年7月，一行人来到新德里，他们遇见了一个法国研究生旅行团，在索布莱的花言巧语之下，带队的研究生导师竟然同意雇用他作为向导，并欣然接受了索布莱推荐的"抗痢疾药"（截至此时，没有任何一个人怀疑这位国际通缉犯）。

不过，索布莱在下药时却犯了错误，导致药物起效过早，几个研究生当场昏迷。其他三个还没来得及服药的研究生，意识到了这位"导游"的所作所为，将他制服并报了警，索布莱的好运终于到了尽头。

被捕受审时，索布莱和勒克莱尔依旧谈笑风生，新"属下"却很快就被吓得招了供。

印度警方以"误杀"让－吕克·所罗门的罪名，判处索布莱12年徒刑（第十个受害者雅沃尼·雅各布的谋杀，因为证据不足无法立案），勒克莱尔也作为从犯被判刑。几年后，她因为身患癌症，被允许假释回国。勒克莱尔于1984年4月去世，年仅38岁，直到死前还一直对索布莱忠心耿耿。

索布莱则在印度监狱里过着堪比印度王公的奢侈生活，他用私藏的宝石贿赂狱中看守，为他买来电视、舒适的软床沙发和每日的美酒佳肴，还在监狱里建了一间私人"图书馆"，他们甚至还大开方便之门，让索布莱的众多女朋友在牢房中过夜，其中包括他的女律师、一个毒贩女狱友和若干脑残女粉丝（索布莱和其中两个订了婚）……

另一方面，泰国方面则在耐心等待，索布莱在泰国犯下的案件最多，证据资料也最全。国际刑警组织准备等索布莱一出狱，就将他引渡到泰国，他们有足够的把握判处他死刑。

然而，1986年3月，也就是索布莱在印度"服刑"的第十年，索布莱为他的看守和狱友们举办了一个盛大的派对，他在酒里下了安眠药，将所有人全部放倒，之后大摇大摆地走出了监狱。一个月后，孟买警方在果阿一家餐厅里，逮捕了这个悠闲的"越狱在逃犯"。

因为越狱的关系，索布莱的刑期又被延长了十年——这一切都是他精心谋划的结果，因为等到 1997 年出狱之时，他在泰国犯下的所有案件会全部超过诉讼时效，他又一次和死刑完美错过。

1997 年 2 月 17 日，53 岁的索布莱刑满释放，返回法国。前妻香塔尔竟然也回到了他的身边，还为他提供"生活费"，不过两人虽然复合了，但并未复婚。

在巴黎郊区，这位罪行累累的连环杀手过上了舒适的"退休"生活。他还聘请了一名经纪人，为采访和拍照收取天价的"出场费"，有人拍摄了一部以他生平为原型的电视电影，光是版权费，索布莱就要了 1500 万美元——这位数次逃脱惩罚的连环杀手，将自己打造成了罪犯界的"顶流"。

索布莱所犯下的这 11 起命案，现在只剩下 2 起还没有结案，就是他当年冒用荷兰情侣的身份信息，在尼泊尔杀害洛朗·卡里埃和康妮·布朗齐奇的案件。

虽然尼泊尔警方从来没有放弃这两起案子，但是因为它和印度、法国之间都没有引渡协议，所以除非索布莱自己主动在尼泊尔现身，否则他们鞭长莫及。

谁也没想到，2003 年 8 月，索布莱竟然自己飞去了加德满都。

9. 天网恢恢，疏而不漏

没人知道索布莱为什么要回到尼泊尔，也许是因为媒体对他的关注日渐减少，"寂寞"的他想要搞点大新闻，保持自己的"流量"，也许是他怀念自己当年制造的那些"逃脱"奇迹，想要继续寻找点惊险刺激——无论怎样，他都认为自己比警方聪明太多，而关键的"人证"（勒克莱尔和阿贾伊）也早已离世，所以他坚信警方手中绝不会有足够的证据给他定罪。

然而这一次，索布莱失算了。

因为尼泊尔警方不但有他们自己的相关资料，还有外交官赫尔曼·克尼彭伯格当年收集和整理的全部证据的影印件，其中包括勒克莱尔的日记和她在印度被捕后的证词——于是这些以正义感和良知为起点的调查资料，终于在 27 年之后，让索布莱的犯罪生涯走到了尽头。

2004 年 8 月 20 日，查尔斯·索布莱因为谋杀康妮·布朗齐奇的罪名成立，被判处无期徒刑（尼泊尔没有死刑）。索布莱提出上诉，声称自己未经审判就被判刑。索布莱的律师还呼吁当时的法国总统萨科齐，让他阻止尼泊尔当局对索布莱的"虐待"。因为萨科齐没有采取行动，索布莱的前妻香塔尔又向欧洲人权法院提起诉讼，控告法国政府，因为它拒绝为"被侵犯人权"的本国公民提供任何帮助。

尼泊尔当局对这一切无动于衷。2010 年，最高法院终审判决索布莱无期徒刑成立，并没收他的全部财产。2014 年，警方又对另一位受害者洛朗·卡里埃的死亡立案，在无期徒刑的基础上，又追加了 20 年有期徒刑，所以现年 78 岁的索布莱应该至死都会被关押在尼泊尔的监狱里。

尼泊尔的监狱条件大概要比印度恶劣很多，所以如今的索布莱身体状况也不佳，不过，他的魅力依然不减，2008 年，他与尼泊尔女子尼希塔·比斯瓦斯（Nihita Biswas）结婚。尼希塔是他的翻译，比索布莱年轻 44 岁，虽然有那么多如山的铁证，她却坚信丈夫的清白，还多次在媒体上宣称，索布莱被捕完全是尼泊尔警局的"政治迫害"。

至于当年的"侦探五人组"，年纪最大的保罗·西蒙斯已于 2004 年离世，两对夫妇如今也都已离婚。娜迪恩和雷米仍在泰国，分别经营度假村和蔬果农场；安吉拉后来成了联合国的外交官员，她工作得很出色，一路晋升到副秘书长的高位。

　　赫尔曼·克尼彭伯格已经退休，目前和第二位妻子在新西兰安度晚年。和"顶流"罪犯查尔斯·索布莱相比，他才是这个故事里最不该被忘却的无名英雄。

　　最后想要提醒所有现在和未来的旅行者，异国他乡的友善和热诚，虽然会令人倍感温馨和温暖，但不要因为任何一个原因（国籍、语言、种族、性别、年龄），轻易地相信陌生人——就像赫尔曼在接受采访时所说，追寻诗和远方固然美好，但一定要警惕阴影里暗藏的"毒蛇"。

（作者：安非锐）

8

新加坡黄娜疑案

华人女孩黄娜失踪案发生于 2004 年的新加坡。当年，此案轰动一时，新加坡媒体连续几周天天报道。

1. 失踪的女孩

2004 年 10 月 10 日星期天晚上大约 10 点，新加坡警方受理了一起失踪案。

报案人叫李某琴，是个中国人，住在巴西班让果蔬批发中心（Pasir Panjang Wholesale Center）八座二楼的一个出租屋内。失踪的是与她同住一屋的 8 岁女孩黄娜。

那天下午约 1 点 30 分，黄娜告诉李某琴，她要出去给在中国的妈妈打国际长途电话。由于黄娜常常自己一个人去打电话，所以李某琴并不以为意。

可到了 2 点 30 分，李某琴还不见黄娜回来，就开始担心了。

她到黄娜上学的学校和批发中心的餐厅附近找了一圈，都没找着，便喊了其他三个室友，帮忙一起找。

到了晚上 10 点，仍然不见黄娜的踪影，李某琴便报了警。

2. 散落各地的一家人

在女儿失踪的这一天，黄娜的母亲黄某英正在国内探亲。

黄某英和黄娜的生父黄某龙都是 1973 年出生于福建莆田。1995 年，这两个来自农村家庭的年轻人相识了，并因为黄某英怀孕，于不久后结婚。

1996 年黄某龙只身去了新加坡，在巴西班让果蔬批发中心找到了一份蔬果包装的活。不过，由于他并没有工作签证，属于非法滞留与打黑工。

1999 年，独自抚养黄娜的黄某英发现丈夫在新加坡有婚外恋，与他离婚，然后得到了女儿的监护权。后来黄某英再婚，嫁给了福建商人郑某海。

为了让女儿得到更好的教育，2003 年 5 月 5 日黄某英带着女儿来到新加坡。她在巴西班让果蔬批发中心里找了份临时工，黄娜则进了附近的锦泰小学上学。

黄某英的雇主 Eng Chow Meng，大家都喊他开尔文（Kelvin），是个蔬果供应商。开尔文在批发中心七座有一家蔬果店（"All Seasons Fruits and Vegetables Supplier"），在十五座还有个仓库，用来储藏存放蔬果及干货。

2003 年年初，黄某英再次怀孕，并在年底产下她与第二任丈夫郑某海的女儿。黄某英平日在新加坡陪读，而丈夫和第二个女儿都在福建。为了照顾黄娜同母异父的妹妹，她从此往返于新加坡和福建之间。

按照时间推算，当黄某英带着黄娜于 2003 年 5 月到新加坡时，她应该是怀着身孕的。至于到了年底，她是在哪里生产的，我并没有找到资料。

2004 年 9 月 27 日，黄娜 8 岁生日前一天，黄某英又回了福建，并预计停留两个星期。回国前，她将女儿托付给了同住的室友之一李某琴，并给了李某琴 100 新币，用以支付女儿的日常开销。

或许由于妈妈经常不在身边，黄娜性格独立，人很机灵。这个活泼可爱的女孩会自己去上学、在批发中心的美食区吃饭，甚至下厨给自己和别人做饭。她洗澡用的是公用的洗澡间，而日常游戏玩耍就在批发中心的拍卖场里。

黄娜也很习惯接触母亲之外的大人。在批发中心里工作的人，很多都认识这个有礼貌、见人便喊阿姨叔叔的女孩。

案发时，黄娜已经上二年级，身高约 120 厘米，皮肤白皙，有一头长直黑发。网上有博主称，黄娜学习很好，尽管来新加坡才一年多，英语成绩已经达到中等水平。小小年纪的黄娜对未来也有自己的想法。她希望成为一名医生，让妈妈过上好日子。

案发那天下午，黄娜在住处附近的电话亭给母亲打了电话，让她给自己带一个电子英语词典和一双凉鞋作为礼物。母女俩在电话里讲了大约 6 分钟。这是黄某英最后一次听到女儿的声音，也是黄娜最后一天被周围人看见。

3. 全民协寻

那天，批发中心里好几个人都看见了穿着蓝色牛仔外套、百慕大短裤，光着脚丫的黄娜。

距离家里 500 米不到的批发中心美食区咖啡店职员林小姐（C.B. Lim）称，那天下午 1 点多，她看见黄娜光着脚走过，便问黄娜，怎么没穿鞋啊？黄娜朝她笑了笑，一句话没说便溜了。

还有好几个人看见，黄娜失踪的那天，在批发中心里工作的阿豪手里提着一袋杧果，在仓库附近跟黄娜肩并肩走在一起。警方密集地审问了阿豪，但没有逮捕他。

案发后接下来几天，警方以批发中心为起点，进行了大规模的搜索。

位于新加坡南部的巴西班让果蔬批发中心，每天进出的人无数，加上当时监控摄像头数量并不多，只能通过走访、问话来进行调查，搜集线索。根据报道，警方出动了 70 多名警员，彻查批发中心里 1000 多个冰库和储藏室，也传了上百个人来问话。

女儿失踪两天后，黄某英就回到了新加坡。她带着手机和女儿的照片，沿着大街小巷找人。女儿平日里喜欢去的地方，她都找过了，连工地、下水道也不放过。

她也走遍了武吉知马山和花葩山，据称是因为黄某英的表妹告诉她，自己梦见黄娜被困在山里。

媒体报道上，黄某英眼里含着泪，嘴里喊着女儿的名字，手里捏着女儿玩具、衣服的画面令许多观众揪心。数百人自愿加入搜寻。

两个星期内，7000 份印着黄娜照片的传单及海报在失踪地点附近的街道上被发给了过往的行人，而印制、发出这些传单的人包括陈近南（Joseph Tan）。祖籍福建的陈近南创立了一个协助寻找失踪人口的公益团体，名为"罪案图书馆"（Crime Library），除了这个团体的职员与志愿者，他个人经营的一家环保公司的职员也加入了搜寻行列。

一个60岁退休的公司老板杨爱生掏出10000新币作为悬赏，给提供有效信息者。不久后，另一个48岁的新加坡居民娄天苏加上了5000新币。

一家网络设计公司的总经理特别建了一个网站来收集、汇整所有相关的信息与线索。出租车公司"Comfort Delgro"也要求旗下的师傅们加入搜寻。

这场被警方称为近5年来最大规模的搜寻，甚至超越了国界，找到马来西亚去了。

在马来西亚柔佛地区（与新加坡交界处），30辆出租车的师傅在车子前座以及后面的挡风玻璃上贴了协寻海报，还发给所有乘客。至少5家咖啡馆的老板也在店里张贴了海报。

在警民合力把新加坡翻了个底朝天的同时，侦查工作也在积极地进行着。10月21日，警方公布了卓良豪（Took Leng How，又译"杜龙豪"）的照片，请民众协助提供此人的下落。

大家还记得吗？他就是那个最后被目击与黄娜在一起的人。

4.“叔叔”卓良豪

22 岁的卓良豪，被大家称为阿豪。他身材瘦长，说话轻声细语。

阿豪 1981 年 12 月 6 日出生于马来西亚槟城，家里有四个兄弟姐妹，他排行第二，有一个弟弟、一个妹妹。父母开了一家咖啡店。

18 岁时，阿豪独自离家到新加坡务工。案发时，他在槟城老家还有个印尼籍的华侨妻子尤某，以及一个 11 个月大的儿子。

在批发中心干蔬果包装的阿豪，与黄某英是同事，有段时间还曾是舍友。2003 年 9 月，他们的雇主开尔文向黄某英分租了一间房给阿豪住。2004 年 2 月，黄某英带着黄娜搬到批发中心的八座二楼，与几个中国人合租。不久后，阿豪也搬去了直落布兰雅组屋区。

黄某英与阿豪关系很好，黄娜也与他非常熟悉、亲近，常常跟他一块儿玩，还喊他叔叔。批发中心里的人常常看见阿豪骑摩托车载着黄娜，或拿东西给她吃。

根据辩方律师苏巴士·阿南丹（Subhas Anandan）在 2009 年出版的回忆录，黄某英知道女儿失踪时，一开始并不怎么担心。因为，黄娜的早熟和独立程度令人惊讶。根据多处媒体报道，才 8 岁的她曾经独自一人搭乘飞机回福建。

而且，黄某英很信任阿豪，认为他不会干出伤害女儿的事。她向媒体记者称："我不相信是他（阿豪）带走了我的女儿。他没有理由这么干。我们都认识的。""他很喜欢她，老是带东西给她吃，而且从不带她到市场外面。我知道他绝对不会伤害她的。"

阿豪是否辜负了黄某英的信任？他不是已经去了好几趟警局，接受问话了吗？警方为什么要公布他的信息？

5. 从证人到犯罪嫌疑人

10 月 19 日、20 日两天，阿豪都去了犯罪调查局（the Criminal Investigation Department，CID）接受问话。

19 日阿豪告诉警方，10 日那天他干完活留在批发中心里，没有回家。下午 1 点多，他在批发中心的十三座见到了黄娜，那时黄娜已经打完电话。

他给了黄娜两个柠果后便让她回家，看着她朝家的方向走去，接着他便回到了十五座的仓库。阿豪很配合，还主动提出带调查员到他遇见黄娜的地方。

隔天，在被警方盘问多次后，阿豪改变了供词，称自己知道导致黄娜失踪的始作俑者是谁。他声称，一个也在批发中心工作的人掳走了她，为了给黄某英一个教训，因为黄某英在批发中心里"搞得大家都很不愉快"。

阿豪爽快地承诺，他可以让对方放了黄娜，但联络电话存放在手机里，他必须先拿到他的两部手机，一部在家里，另一部在批发中心里。

21日凌晨1点15分，阿豪在警方的陪同下回家取了第一部手机后，又一起到批发中心取了第二部手机。接着，阿豪带警方去他遇见黄娜的地方（另一个说法是，他看见黄娜被掳走的地点）。

一切完成后，负责调查的警官让阿豪留在批发中心里，第二天早上再自行到警局进行先前安排好的测谎。阿豪却称，他宁可跟着警官回局里，因为他担心第二天会起晚。

回程路上，阿豪称他饿了，于是他们停在路边一家饭馆吃东西。阿豪点了一份咖喱鸡肉煎饼。吃了一半，阿豪称要上厕所，没想到却趁机从后门跑了。

大家是不是觉得这里很矛盾？如果他想逃跑，那先前为什么不答应留在批发中心？那样不是有更充裕的时间吗？

我特别查看了法院文件和警方记录，都是这么写的。

前面提到，阿豪在黄娜失踪后被警方密集地约谈。我的猜测是，由于这时他的身份是证人，而非犯罪嫌疑人，加上他的配合度高，所以警方让他留在批发中心休息。

但他开始慌张了，拿不定主意该怎么办，特别是第二天早上要测谎。（为什么要担心测谎呢？大家接着读就知道了。）

事实证明，在警方眼皮子底下逃跑只会让自己更可疑。原本警方找阿豪只是为了问话，他逃跑之后，便被列为犯罪嫌疑人了。

6. 一只山坡下的纸箱

阿豪在几个好朋友的帮助下，一路逃回了槟城老家，还在朋友的安排下开了几次记者会，大谈特谈了这件事。

他告诉马来西亚的媒体记者，自己很同情黄某英。"我想告诉她，我也爱黄娜，因为我自己也有个孩子。我希望大家不要胡乱指控我，真相总会大白的。"

他甚至提到马来西亚与新加坡的政治议题，并称愿意牺牲自己个人的自由来维持两个邻近国家的关系。后来为他辩护的律师阿南丹称，阿豪似乎要把自己塑造成一个英雄。

　　10 月 30 日，这个自认为可以影响两国关系的"英雄"向马来西亚警方投了案。当天晚上，一组新加坡警员带着他回到了新加坡。

　　经过几个小时的审讯，10 月 31 日早上 10 点，阿豪带着警方来到直落布兰雅山公园。这个公园距离阿豪的住处只有几分钟，距离批发中心里黄娜最后被看见的地方约 15 分钟的车程。

　　与此同时，警方也首次透露，他们在批发中心一间储藏室里找到线索，并认为那里就是案发地点。这个储藏室面积相当于一个普通三居室的客厅，用来存放蔬菜和干货。房间里的百叶窗一直都是拉上的。

　　根据报道，阿豪用纸笔画下前往公园的一条路，以及路上一个三角形状的路牌，称在路牌附近可以找到黄娜。

　　根据这一线索，20 个警员在那附近展开了搜索。半小时后，在 30 米的山坡下一个草丛杂乱浓密处，警方找到了一个散发着浓重尸臭味的纸箱。

　　纸箱的尺寸为 50 厘米 × 40 厘米 × 30 厘米，用胶带裹得紧紧实实。拆开后，里头是一个被塑料袋层层包裹着的物体，塑料袋一共有 9 层。塑料袋最里层，一个全身赤裸、一头长发的小女孩，蜷缩着身子，困在这个大小还不到她身高一半的纸箱里。而这个纸箱正是批发中心用来装蔬果的纸箱。

由于尸体已高度腐烂、严重分解，警方只能凭借 DNA 比对来确认身份，但黄某英仍然以一颗稍微外翻的牙齿认出了女儿。

第二天，阿豪以谋杀的罪名被逮捕、起诉。

7. 反反复复的供词

在调查期间，阿豪给出了不同版本、前后矛盾的供词。

我前面提到，他一开始称，他看着黄娜朝家的方向走去，自己便回了批发中心。但隔天又称，其实是批发中心里的人掳走了黄娜，为了给黄某英一个教训。

阿豪第五次与检方的精神病医生面谈时，称自己"亲眼看见三个华人大汉绑走了黄娜"，之前对此却只字未提（部分资料称四个）。

对此，阿豪的律师阿南丹在回忆录里也有描述："我们与阿豪配合的过程中，发现他有很多幻想，让我们经常无法理解他所说的话。有时，他称有四个来自中国的杀手来谋杀黄娜，因为她妈妈在中国对某些人干了些不好的事。由于阿豪知道内情，他们便强迫阿豪勒死黄娜，将指纹留在她身上，他因此无法告发这些人。这些人还逼他包裹了黄娜的尸体，并告诉他丢在哪儿。"

当阿南丹和助理告诉阿豪，监控器没有发现任何外国杀手的身影时，阿豪称他们身手矫捷，来无影去无踪，几乎可以隐形。他甚至还称自己是个帮派的头目，却无法解释清楚。描绘这些情景的阿豪，脸上总带着微笑。

法官、检方和辩方如何看待这些不同版本的供词呢？我直接翻译了最后成为呈堂证供的版本，以及检方起诉的陈述摘要。

根据阿豪的供词，那天他在十三座遇见黄娜，两人说好了去仓库玩捉迷藏。他们常常玩这个游戏，但这一天发生了意外。

作为游戏的一部分，阿豪把黄娜的脚踝捆绑起来，熄了灯后走出储藏室，让黄娜有时间躲起来。（我玩过的捉迷藏都是跑来跑去的，不理解不能走动了要怎么躲起来。）

没多久后，我走进办公室（储藏室）……我敲着桌面，忽然听到一声很大的声响（后来理解为黄娜不小心碰撞到一些箱子）……我马上开了灯。我看见她躺在地板上。她看起来不太对劲。她好像在吐血，因为鲜血从她的右嘴角流出来。她看起来像在抽筋。她的眼睛睁得大大的，她身下的地板上有一大片尿……

我不晓得该怎么办。我想解开她脚踝上的绳子，但不知道怎么把结打开。我坐在椅子上看着她发愣。

当我坐在那儿时，我的脑袋一片空白。她的身体在抖动。忽然我想起来在电视里曾看过，用手背在一个人的脖子后面劈打，这个人会暂时昏迷，不久后苏醒过来。我马上这样试着打她。第一次她没反应，第二次我用力了点，但她仍然没有反应。第三次我更用力了，我看着她，但她血流得更多了⋯⋯这下我的脑袋完全一片空白。我不知道为什么会这么做，但我把双手放在她的脖子上，接着开始压。压的时候我闭上了眼睛。一会儿我松开了手，看着她。她看起来还是一样。我又闭上了眼睛，双手压着她的脖子。这次我更用力了。过了一会儿，我松开了手，睁开眼睛看她。这一次，她的脸色变得灰白，但眼睛还是睁开的。

接着，我移动她的身体，让她就着原来的姿势，但头的另一边靠在地上。这一次她开始打嗝。她打了很长时间，这让我很害怕。我站起来，用脚踩踩在她的脖子上三次。她继续打嗝，她每打一次，我便更害怕，因为她的脸色灰白，但眼睛仍然睁得大大的。我脱下她身上的外套，盖住她的脸⋯⋯我想她那天穿着某种裤子。我没能脱掉她的裤子，因为她的脚踝被绑住了。我真的不晓得为什么那时我要试着脱掉她的裤子。我把盖住她的外套掀开一点点，从缝隙里看见她仍在打嗝。我把右手放在她的身体后面，把中指插入一个开口。我不确定那个开口是肛门还是阴道。我认为一定是肛门。我不晓得为什么我把中指插入那儿。我把中指抽出，看着中指，发着愣。当我再朝她望去时，很惊讶地发现她的下体有血。

庭审时还播放了一段案发现场模拟的录影，用影像呈现了以上的描述。

检方起诉的陈述摘要如下：

2004 年 10 月 10 日，被告干完活后留在批发中心里。大约下午 1 点 30 分，他在十三座看见死者，以跟她玩捉迷藏为由，将死者诱导到十五座的仓库。在仓库里，死者被脱光了衣服，四肢被塑胶绳子捆绑，并被性侵。为了确保死者不声张此事，被告徒手捂住她的口鼻长达至少 2 分钟，直到她的身体发软。为了确保死者已死，他在她头上猛踩，猛踹她的头部。被告接着用数层塑料袋包裹死者的裸尸，再将尸体放入纸板箱后，用胶带封了起来。最后，被告在公园里把纸箱丢到斜坡下。

根据法医的尸检报告，死因是"严重气道闭塞"。此外，法医在尸体的好几处都发现了瘀青，包括右边太阳穴、头皮、嘴唇、下巴最底部的小块区域以及两侧较大区块。死因是机械性窒息。

其他证据显示，封纸箱的胶带与警方在仓库里找到的是同一卷。那胶带是用来封蔬果货运的。除此之外，那卷胶带上也比对出阿豪的指纹，而包裹尸体的塑料袋跟批发中心里用的那些是一样的。仓库里还找到几百根阿豪及黄娜的衣服纤维。

辩护律师阿南丹认为，阿豪误杀了黄娜，所以这是一起意外导致的悲剧。他提出两点来反驳检方。

一、检方无法证明，黄娜的死亡是阿豪直接导致的。

检方对"严重气道闭塞"的解读是，阿豪用双手捂住了黄娜的口鼻，导致她无法呼吸、窒息死亡。阿南丹却称，尽管尸体伤口符合被捂住口鼻窒息的推论，但无法排除死者被呕吐物噎着而窒息的可能性。

这里介绍一个相关的法律概念："排除合理怀疑"（beyond a reasonable doubt）。这是一个用于刑事案件、标准较高的举证原则。在此原则下，检方想要证明自己的观点与事实符合，必须排除其他所有符合常理的、有根据的怀疑。

阿南丹用这个原则来反驳检方对死因的推论，而他的论点并非没有根据。法医在接受交叉诘问时答称，另一个可能的死因是，黄娜癫痫发作，产生痉挛，在吐血的同时被自己的呕吐物噎住，导致气管堵塞死亡。因为瘀青的舌头、呕吐、尿失禁等种种现象与癫痫发作的症状一致。

二、阿豪患有精神分裂症，这严重阻碍了他的判断能力，他的刑责应该被减轻。

辩方的专家证人精神病学家纳古伦兰博士（Dr. R Nagulendran）称，根据"精神障碍诊断与统计手册"，阿豪有三项罹患精神分裂的症状：

1. 妄想、幻觉。

2. 行为举止非常杂乱、不一致，或极为慌张。

3. 情感迟钝。

另外，纳古伦兰博士还给阿豪进行了测验，发现他的智商只有76，心智发展明显迟缓（通常70以及以下被归类为智力低下、低能）。

博士称，阿豪在调查期间给出的那些反复又矛盾，甚至是异想天开的供词，明显来自他的妄想与幻觉。

他声称阿豪视黄娜为自己的女儿，案发时，他扼掐黄娜的行为是一种突然间失去理智、无法解释的人格分裂症状。在黄娜死后，阿豪也经历了情感呆滞、无法表达情绪的状况，这与平日的他截然不同。

这些迹象都显示，阿豪无法为自己在案发时的行为负完全的责任。

律师阿南丹称："我第一次与阿豪见面时，便知道他不对劲。他脸上经常出现病态的笑容，那些迷糊困惑而且不着边际的咆哮与胡言乱语，都显示出他的心智不正常。"

阿豪的母亲卢某侯称儿子"卡到阴"（中邪、撞见鬼），而且"经常一个人无缘无故地发笑"。此外，阿豪曾两次在不同的地方找过灵媒求助。

可阿豪的同事和朋友们却给出了相反的证词。

他们称，案发后阿豪的举止行为与案发前基本上没什么差异。要硬说有的话，他貌似无精打采，也比平常喝更多的酒。

那些阿豪向医生报告的症状，譬如看见闪光和人影，以及失眠等，很可能是超时工作所引发的。包装蔬果的时间确实不固定，数量多的时候常常得超时工作，导致作息颠倒，影响了睡眠。

他们还指出，黄娜失踪后那几天，尽管阿豪没有什么异常的行为，但当被旁人问及黄娜时，他明显地表现出恼怒、沮丧、烦躁不安。这表示他的情绪表达没问题，不像纳古伦兰博士说的那样情感呆滞。

检方指出，罹患精神分裂且症状严重的凶嫌在杀人后突然恢复正常意识，并着手隐藏、消灭犯案证据，只是凶手为了躲避刑责的推脱之词。

法官认为，"目击三个华人大汉掳走了黄娜"是个蓄意的谎言。如果阿豪真的看见黄娜被掳走，他早就应该告诉警方和同事，无须隐瞒。

很多质疑的网友认为，因为没有发现精液，所以性侵的动机不存在。

阿豪、他的家人、辩护律师和某些专家证人都称，尽管阿豪与黄娜两人的年龄差距比较大（22岁和8岁），但他们经常在一起玩。阿豪称自己待黄娜像女儿，而黄娜信任他，喊他叔叔。

但正如何袜皮指出，大部分性侵都发生在熟人之间，特别是儿童性侵案，凶嫌很多是那些平时看起来对你很好、带你玩的成年人。玩伴不能否定性侵的企图。而且阿豪承认自己曾用手指插入死者的下体，所以没有精液不代表没有性侵。

8. 判决

2005 年 7 月 11 日此案开庭。经过 13 天的审理，法院于 7 月 26 日宣判阿豪谋杀罪名成立，被判处绞刑。

法官认为尸体伤口与勒毙的推论吻合，而阿豪在犯案时精神不但正常，而且心思缜密，犯案过程及手法一丝不苟、注重细节。

尸体不但被裹了 9 层塑料袋，装着尸体的纸箱还有次序地被胶带封得紧紧实实，这些举动都是为了防止气味发散。

装着黄娜衣服的塑料袋被丢在十六座没有监控器的垃圾桶，而不是位于十五座离案发现场最近的垃圾桶，因为十五座垃圾桶正对着一个监控摄像头。

纸箱封好时天还亮着，这时丢弃箱子容易被发现，风险太大。阿豪在市场里待到 5 点 30 分，接着向一个在市场里打工的朋友借了一辆摩托车骑回家，然后在家里看电视。到了晚上 8 点，他骑车回到仓库去取箱子，把箱子固定在摩托车后面，然后骑车去了公园，把箱子丢弃在公园里。

法官还认为，阿豪尽管没有护照，却成功潜逃出境，这也证明他胆大心细。

　　他是怎么办到的？他打了一辆出租车到关卡附近，在21日凌晨3点40分穿过了连接新加坡和马来西亚的新柔长堤。

　　先前阿豪被约谈时，警方给了他一个访客专用的识别证，他便挂在胸前。戴着这个有CID徽章的识别证，他大摇大摆地走过新加坡海关的检查站。阿南丹猜测，一定是那个识别证让移民检察官误认为阿豪是个警官，便让他通过，而没有要求看护照。

　　死刑的判决宣布后，阿南丹代表阿豪向最高法院提出上诉。

　　案件审理过程中，阿豪看起来清瘦、疲惫而苍白，但还算平静。有时候，他会望向记者，露出微笑。阿豪的父母、妻子以及她怀里不停哭闹的儿子都在场。

　　此案上诉期间，很多民众主动到阿南丹的律师事务所，要求签署特赦请愿书。阿南丹当然喜见民众的热情支持，便组织了特赦请愿的签署活动。

　　请愿书最终被送到总统手中时，签署人数已超过3万。特赦请愿书一般处理时间是3个月，但这次总统花了5个月考虑。

　　2006年1月，最高法院以二比一（审理法官有三个）的结果驳回起诉，维持原判。投了同意票的那个法官认可阿豪是过失杀人，认为应判决最多只是一年的监禁。

　　特赦请愿最后未能通过。2006年11月3日，阿豪在新加坡樟宜监狱上了绞刑架，时年 24 岁。

9. 后续

黄娜死亡的消息震惊了新加坡民众。在她失踪后，数百人搜寻了三个星期，却得到这样的结果，大家都难以接受。

11 月 8 日，1000 多人来向黄娜道别、向黄某英致哀。出殡的队伍绕过锦泰小学、西海岸市场等黄娜生前最喜欢玩耍的地方。

棺材的盖子上摆满了黄娜最喜欢的 Kitty 猫玩具，边上贴满了 Kitty 猫贴纸，灵车的四个角落也各挂了一个 Kitty 猫玩偶。民众也带来了很多黄娜最喜欢的糖果和零食。她被火化后，骨灰被黄某英带回了福建。

生命宝贵，孩子的陨落更令人惋惜、难受。他们还来不及体验人生的美好，却因意外或世界的暗黑而早逝。

（作者：知更鸟）

9

家门口被绑架的
少女莎丽

罪犯侧写（offender profiling）在影视剧中往往被描写得神乎其技，其实这是个很有争议的犯罪分析方法，尽管它在全球范围内被广泛使用，却也经常被质疑为缺乏实证研究和证据支持的伪科学，但很多时候，它对案件的侦破的确会有不少帮助。

接下来，我们就通过这起惊心动魄的连环绑架案，讲述一起惊人准确的罪犯侧写是如何进行的。进行这个罪犯侧写的侦探也是《犯罪心理》（*Criminal Minds*）和《心灵猎人》（*Mindhunter*）两部美剧的主角的原型。

1. 消失在家门口的少女

案子发生在美国东南部南卡罗来纳州（South Carolina）的列克星敦县（Lexington County），这是一个历史悠久的美丽小城，一个安全、宁静、重视传统家庭价值的地方，绝大多数居民都是基督教徒。

1985 年 5 月 31 日这天下午，罗伯特·史密斯（Robert "Bob" Smith）正在家中二楼的书房里工作，史密斯一家居住在城郊，房子坐落在静谧的树林之中，距离主干道普拉特泉路（Platt Springs Road）大约 200 米。

罗伯特·史密斯是位牧师，他和妻子希尔达（Hilda）有三个孩子，分别是长女唐（Dawn）、被昵称为"莎丽"（Shari）的次女莎朗·费伊·史密斯（Sharon Faye Smith）和儿子小罗伯特（Robert Jr.）。

史密斯一家是个亲密有爱的家庭，在当地颇有影响力。二女儿莎丽生于 1967 年 6 月 25 日，快满 18 岁了，是个活泼开朗的漂亮姑娘，拥有一头秀丽的金色鬈发、红润的皮肤以及软糯甜美的嗓音，不仅学业出色，在音乐方面也很有才华。

她即将从当地知名的列克星敦高中毕业，毕业典礼将在两天后的 6 月 2 日举行，届时莎丽将作为学生代表演唱国歌。

毕业典礼后，莎丽打算和朋友们乘坐游轮进行毕业旅行，对她来说，一切都是那么美好和充满希望。

5 月 31 日是个明媚的晴天，莎丽、她男朋友理查德和其他几个同学参加了毕业泳池派对，之后这对小情侣在城中心道了别，理查德目送女朋友的车开走之后，自己开车回家。

莎丽是个乖巧懂事的姑娘，每次出门都会向家人报备，但罗伯特依旧下意识地不断向外张望。

下午 3 点 38 分，女儿那辆蓝色的小汽车终于出现在视野里，正从主干道转进家门前的车道，罗伯特彻底放松下来，开始专注于手头的工作，并幸福地想着，楼下的门厅里，很快就会传来女儿欢快的笑语声了。

5 分钟过去了，10 分钟过去了，莎丽却依旧没有进屋。罗伯特再次向窗外望去，发现莎丽的车依旧停在车道尽头（和主干道的交会处）。

罗伯特立刻感到事情不妙，不过他担心的是女儿的身体出了状况。莎丽患有一种罕见的疾病，名叫尿崩症（diabetes insipindus），必须随时大量补水（和频繁排尿），药物也要随身携带。

罗伯特的第一反应，是女儿因为天热，脱水晕倒了，所以赶紧狂奔下楼，跳上自己的车，沿着车道向女儿的车飞驰而去（开车一是因为房子离女儿的车的确有点距离，二是大概准备直接将女儿送去就医）。

等到罗伯特焦急地跳下车，却发现情况比自己设想的还要糟糕：莎丽的车车门敞开，引擎也没有熄火，副驾驶座上还放着莎丽的包。

从车门到史密斯家的邮箱（在主干道和车道的交会处）的土路上有一行赤脚的脚印，看来是莎丽刚刚在邮箱旁停下了车，光着脚去取家里的邮件。

可是，这行脚印只有一个方向，没有回来的足迹，只有几封邮件散落在邮箱旁。

午后阳光照拂的安宁小城里，莎丽·史密斯在家门口凭空消失。

2. 凌晨 2 点 30 分的电话

罗伯特和妻子希尔达火速报了警，当时还没有针对少年儿童失踪的安珀警报系统，但列克星敦县警方表现出了很强的执行力。

治安官詹姆斯·梅茨（James Metts）立即组织了一场大型的地毯式搜查（南卡罗来纳州历史上规模最大的一次），他调动了直升机，设立了 24 小时临时指挥部，在媒体上广泛征集信息，除了县中几乎所有的执法人员，还有 1000 多名居民自愿协助，然而一无所获。

警方很快排除了史密斯一家以及其他相关人士（比如莎丽的男友）的涉案可能，从案发现场来看，应该是莎丽下车取邮件的一瞬间被人劫持了。

治安官詹姆斯·梅茨意识到，自己面对的绝不是一起简单的案子，他需要帮助。

事发第二天，莎丽失踪的消息刊登在当地报纸《哥伦比亚记录》（*The Columbia Record*）的头版头条。

罪犯侧写在当时还是一门"新兴技术"，1978 年，FBI 才正式批准行为科学科（Behavioral Science Unit）为各地警方人员提供罪犯心理侧写咨询，直到 1985 年，才有了影视剧中经常出现的行为分析科（Behavioural Analysis Unit，简称 BAU）。

再加上美国地方部门对 FBI 长久以来的反感和不信任，许多地方警察并不愿意向 FBI 寻求帮助。

所幸列克星敦县警方没有如此，梅茨立刻打电话给 FBI 南卡罗来纳州哥伦比亚（州首府）外勤站和弗吉尼亚州的匡蒂科总部，向他们请求"非官方协助"。

6 月 1 日早上，哥伦比亚外勤站的特别探员约翰·沃尔默（John Vollmer）就赶到了列克星敦。

可即使是沃尔默这样的专业人士，也对案情深感困惑。

像莎丽这样的少女突然失踪，大多数情况下，不外乎三种可能：

第一种可能，是自己离家出走或者被人诱拐，但莎丽品学兼优又乖巧听话，从不结交不三不四的危险分子，她对自己的生活感到快乐和满足，又必须随身携带药物（莎丽的药还放在副驾驶座上的包里），似乎没有任何理由贸然离家出走。

第二种可能，被人杀掉后藏尸／毁尸，伪装成失踪的假象。

这种情况下，像莎丽这样的低风险受害者，最大的怀疑对象就是她的家人。但史密斯一家关系亲密融洽，对莎丽的失踪表现出的焦急和担忧也非常真诚，而且根据警方建立的时间线，他们根本没有作案时间。

第三种可能，就是被人绑架了，虽然这类故事在影视剧中经常出现，但在现实中，被陌生人绑架的概率其实很低。

绑匪的动机也同样令人费解。绑架的目的不外乎两类，一类是以此为筹码，获得金钱或进行复仇，或者表达某种立场（政治／宗教）。

史密斯一家虽然过着舒适的中产生活，但绝非大富大贵，和他人也没有深仇大恨，唯一"值得"绑架的地方，是他们在社区中很有影响力，也许有可能会成为目标。

但问题是，如果是这一类绑匪，会在第一时间就联系受害者的家庭／媒体，提出要求（赎金）或者表达立场。但莎丽失踪整整两天后（6月2日下午），依旧没有人联系史密斯一家。

如果是第二类绑匪，那么莎丽的踪迹也许就会永远石沉大海，因为这一类通常都是人贩子或者性罪犯等人为了得到受害人本人。

沃尔默探员将所有的现场照片和资料迅速同步传到了匡蒂科总部，总部的探员们也赞同他的看法：有人绑走了莎丽，这个人胆大、老练，绝对是个危险人物。但那个时候，没有人知道绑匪的动机究竟是什么。

距离莎丽失踪已经过去了48小时，列克星敦县警方的大搜查依旧没有停止，警方在史密斯家的电话上安装了信号追踪系统，并安排警员守夜。

史密斯一家能做的则只有等待，无助和失控的感觉令人难以忍受，他们心急如焚，想着哪怕有电话打来索要赎金也好。

罗伯特后来回忆说："作为一位父亲和家庭的守护者，我有生以来第一次感到了失败。"

1985年6月3日凌晨2点30分，绑匪打来了第一通电话。

打电话的人是个陌生男子，声音听起来很奇怪，应该是用设备做了变声处理，他要求和莎丽的母亲希尔达说话。

"莎丽和我在一起。"接着这个男子详尽地描述了莎丽的衣着，说莎丽在上衣和运动短裤下面，穿着黑黄相间的泳装（因为要参加泳池派对），这是警方从未向媒体公布的细节，这个人的确是绑匪。

希尔达哀求他，说女儿患有尿崩症，必须定时补充水分和服药。打电话的人告诉希尔达，莎丽"过得很好"，她吃了一点东西，喝了不少水，正和自己一起看电视。

接着他告诉希尔达，晚些时候他们会收到一封信，自己还会再联系他们，接着便挂断了电话。从头到尾，这名男子都没有提及赎金。

那个年代技术水平有限，电话追踪系统必须经过 15 分钟才能精确定位，当警方终于将地点锁定在距离史密斯家 20 公里外的一个电话亭，并飞速赶往那里的时候，打电话的人早已无影无踪。

在史密斯家留守的警员立刻联系了沃尔默探员，他和列克星敦县警方当即前往邮局，叫醒了熟睡的邮局局长，一封一封地检查尚未分拣的邮件，很快，他们找到了那封信。

直到此时，警方还抱有一分侥幸，想着虽然绑匪没在电话中提及赎金，但也许会在这封信里做出"指示"。然而当他们打开这封信的时候，就知道大事不妙。

3. "遗书"

这封信有两页长，写在黄色的便笺上，无须鉴证人员进行笔迹对比，罗伯特一眼就认了出来，那是莎丽的笔迹。

信的顶部是写信的时间，1985 年 6 月 1 日凌晨 3 点 10 分，右上角是一句"我爱你们大家"，下面是好几道下划线（表示强调），接下来是这封信的标题："遗书"（Last Will and Testament）。

全文如下：

妈咪、爹地、罗伯特、唐和理查德以及其他所有的亲朋好友，我爱你们！

我即将和天父同在了，所以请千万不要担心！只要记住我那聪明伶俐的性格、我们一起分享过的美妙时光就足够了。

请不要让这件事毁掉你们的生活，为了天主，一天一天地好好生活下去，总会有一些美好的事情因此而生，我将永远和你们

同在！！（密封的棺材）

我他妈的太爱你们大家了！对不起老爸，我不得不说句脏话！请原谅我！

亲爱的理查德，我真的好爱你，并且会永远爱你和珍视我们共度的那些美好时光。我只求你一件事，接受天主做你的救世主吧。我的家人对我这一生影响至深，从小到大，你们为我花了不少钱，就说声抱歉了。

如果，我曾在任何地方让你们失望过，那么我很抱歉。我只想让你们为我骄傲，因为我总是为自己的家庭由衷地自豪。

妈咪、爹地、罗伯特、唐和理查德，我有多少话想对你们说啊！我早就该对你们说了，我爱你们！

我知道，你们都那么爱我，也肯定会非常想我，但如果你们彼此扶持，就像我们一直所做的那样——那么就肯定能够渡过难关！

请千万不要变得伤心难过，爱主的人终会有善果。

我衷心爱着你们大家！

永远爱你们大家！

莎朗（莎丽）·费伊·史密斯

P.S. 娜娜，我好爱你，我总觉得自己是你最好的朋友，你也是我最好的朋友！

我好爱你们！

这是一封令人心碎的信，括号里的那句"密封的棺材"，让警方尤其担忧。

为什么莎丽会要求一个"密封的棺材"（无法瞻仰仪容）呢？是不是因为她在写信时就已经知道，当她再次被发现的时候一定会变得惨不忍睹？

无法想象这位少女是怀着怎样的心情写这封信的，然而即使这样，莎丽依旧以最大的勇气和爱写下了这封"遗书"，没有一字一句的怨恨和诅咒，空白的地方甚至还画着笑脸和爱心。

这封信被火速送到了南卡罗来纳州执法犯罪实验室（Law Enforcement Crime Lab），信的副本则被送往行为分析科总部。

另一方面，警方又在史密斯家的电话上安装了录音设备，一旦绑匪再次来电，录音设备就会将所有的对话记录下来。

虽然史密斯一家执着地不愿意放弃最后一线希望，仍旧期盼着奇迹降临，但无论是列克星敦县警方，还是 FBI 的探员们，其实此时都确信莎丽已然遇害了。

当天下午，史密斯一家接到了另一通电话，电话那端是同一个男人。他要警方停止大搜查，并向痛苦的希尔达"保证"，过两三天她就会听到莎丽的消息。

当天晚上，男人又打来了电话，继续"暗示"自己很快就会放了莎丽，接着他说了这样一句话："我还要告诉你们一件事，莎丽现在已经是我的一部分了，肉体上、心灵上、感情上和精神上，我们都已合二为一了，所以你们要按照我们说的做——上帝会保佑我们大家的。"

由于当时的技术有限，电话追踪需要15分钟才能获得定位，而警方与该男子的通话时间没有持续15分钟，等到警员们通过其他途径找到绑匪所在的公共电话亭时，只有话筒在半空中晃动。

6月4日，男子又打来了电话，这次接电话的是莎丽的姐姐唐。男子绘声绘色地告诉唐，自己是如何趁莎丽取邮件的时候用枪逼迫她上了自己的车。

接下来他说道："凌晨4点58分，不对，很抱歉，稍等一下。哦，是6月1日星期六，凌晨3点10分，她亲手写下了你们收到的那封信……"

这个口误更让FBI和警方毛骨悚然：莎丽写信的时间应该就是6月1日凌晨3点10分（这和她信上标记的时间一致），那么，凌晨4点58分又是什么时间？

接着这个男人告诉史密斯一家，他们很快就要见到莎丽了，并"体贴"地建议他们叫一辆救护车随时待命，接着他"宽慰"道："今晚好好休息，晚安。"

6月5日中午，男子再次打来了电话，这次他告诉希尔达一个详尽的路线，声称"我们（他和莎丽）正在那里等待，上帝选中了我们"，说罢就挂断了电话。

治安官梅茨带着其他警员立刻出发，希尔达也想和他们同去，但警方坚决拒绝了她的请求——他们已经预感到会找到什么。

在男子所说的地点——距离史密斯家约29公里外的邻县萨卢达（Saluda）境内一栋荒废的白色小屋后面——警方发现了莎丽面目全非的尸体，这桩绑架案正式升级为杀人案。

4. 噩梦成真

莎丽还穿着被绑架时的衣服，法医估计，她在被绑架后12小时内就被杀害了，6月的高温令尸体严重腐烂，无法确定具体的死亡时间，但警方确信，凶手的那个口误应该就是莎丽真正的遇害时间（6月1日凌晨4点58分）。

也就是说，凶手给史密斯家第一次致电宣称莎丽还活着、不断给他们希望的时候，莎丽其实已经丧命将近两天了。

警方认为，凶手之所以拖延尸体被发现的时间，除了获得将警方和受害人一家玩弄于股掌的快感外，还是一种老练的反侦查手段。

因为尸体在高温中暴露数天、严重腐烂，无法获得任何关键的法医学证据（那个时代还没有 DNA 检测技术），警方无法确定莎丽是否受到了性侵，甚至无法判断她的死因。

不过，他们在莎丽的口鼻和头发上，发现了一些绝缘胶带的黏性残留物，但胶带本身已经被凶手撕掉了（这样就不会留下指纹），法医推测，莎丽很可能死于窒息。

可以想象，史密斯一家是怎样的伤心欲绝，但凶手并没有停止折磨他们。

6 月 6 日，就在史密斯一家为女儿安排葬礼的时候，男子再一次打来了电话，这次电话竟然还是付费的（史密斯家出钱），并指名要求和唐通话。

男子告诉唐，自己第二天上午就会去自首，又说他正在考虑自杀，接着他假惺惺地恳求唐宽恕自己，声称自己不想杀莎丽，接着他说道："我只不过是想和唐做爱，我已经观察她好几……"

唐打断了他："你想和谁？"

"哦，对不起……是和莎丽，我已经观察她好几个星期了，唉，只不过事情失控了……"

这是凶手第一次把莎丽和唐混为一谈（之后还有好几次），姐妹两个年龄相仿，长得也很像，都是开朗、靓丽的金发姑娘，显然，随着莎丽的死亡，唐成了他新的兴趣对象。

莎丽葬礼当天，凶手又给史密斯家打来了电话，这次的电话不仅和之前一样要求史密斯一家付费，更加残忍和变态的是，凶手让接线员告诉接电话的唐，打电话的人是"莎丽·费伊·史密斯"。

男子又一次声称要自首，接下来他开始用极为平淡和漫不经心的语调描述自己对莎丽性侵的细节。即使是之后分析这些录音的 FBI 探员们，都对这些话语感到极度恶心，但唐坚持没有挂断电话。

接下来男子又向唐说起莎丽的死亡。"她知道自己就要死了吗？"旁听的希尔达颤抖着问道。

"当然。"男子接着扬扬得意地告诉她们，是莎丽自己选择了死亡时间（所以这不怪他），他还"慷慨"地让莎丽从枪击、服毒和窒息中三选一，莎丽选择了最后一种，于是他用胶带封住了她的口鼻，看着她一点点窒息而死。

"你为什么非得杀了她？"唐此时已泣不成声。

"情况已经失控了呀，我很害怕，我也不知道为什么，只有上帝知道吧。"

在这之后，男子没有再打来电话。

和之前几次一样，电话追踪也失败了。治安官梅茨回忆说："我们有好几次都差一点抓住他，但每一次，他都从我们的指尖上溜掉了。"

这些电话录音的副本和新的证据被源源不断地送往 FBI 行为分析科总部，总部的探员们都对史密斯一家在通话时表现出的坚强和自制力感到钦佩，他们也开始对这位未知的凶犯建立起初步的侧写。

5. 22 点侧写

简单来说，所谓的罪犯侧写，就是在大数据和概率的基础上，对未知罪犯的作案手法（modus operandi）进行分析，勾勒出一份罪犯的侧绘（外貌、族裔、年龄等等）。

虽然在很早以前，执法部门就采用过从现场物证反推凶手特征的刑侦手段（比如开膛手杰克案），但直到 20 世纪 40 年代，西方的警方才开始逐渐重视对罪犯侧写的研究。

不过那个时期，协助警方的大多是兼职的心理医生，直到 1970—1980 年间才有专业研究侧写方法的部门出现。

对罪犯侧写的不断重视，其实源于一种新型犯罪模式的出现。传统的刑侦方法遵循的是以被害人入手——寻找动机——寻找嫌疑人这样的破案方法。

但如果是和受害人毫无交集、动机不明确（并非通常的情 / 钱 / 仇）的罪犯（最典型的就是连环杀手），传统的破案手段就失去了用武之地，所以只能将破案重点集中在罪犯身上，罪犯侧写也因此应运而生。

虽然人们通常会将罪犯侧写和连环杀手联系在一起，但罪犯侧写其实适用于所有"未知罪犯"（受害人和凶手之间缺少传统的关联和作案动机），例如连环强奸、纵火，还有像莎丽案这样的绑架案。

不过说到底，罪犯侧写依靠的依旧是统计学，比如"连环杀人犯基本是男性，受害者大多是女性，作案动机根源往往是性欲"。因为这类罪犯都是"隐藏在阴影里的蒙面人"，侧写的目的是提供一个概率最大的结论："这个人最有可能是什么样。"但由于每个罪犯都有自己的"个性",所以即使是最精准的侧写,也难免会存在偏差。

另外,罪犯侧写更多是一种辅助和咨询,从建立侧写到抓获凶犯,往往需要几个月,甚至数年时间,绝非影视剧里那样,一通数据检索就能轻易抓获真凶。

或者可以这样说,侧写可以告诉警方他们要找的是什么样的人,但如何找到这个人,则需要其他的刑侦手段(比如物证)。

第一个专职侧写的 FBI 探员名叫约翰·道格拉斯(John Douglas),莎丽被绑架的时候,他正担任新成立的 BAU 部门主管和首席侧写师。

他和其他探员仔细研究了相关物证和所有的电话录音后,对这个未知凶手做出了 22 点侧写(我归纳为以下几条):

一、凶手是白人男性,年龄在 30 岁左右(更有可能是 30 岁出头),有前科。

凶手的年龄和性别主要是基于大数据做出判断。

根据统计,半数以上的连环杀手(或者说连环杀手型的未知罪犯)的首次犯罪时间,都在 20 岁出头到 30 岁出头,这个年龄段不仅是体能的巅峰,在以性欲驱动的案件里,也是男性性水平的峰值(只有男性罪犯才会因性杀人)。

另外，受害者年龄越大，罪犯的年龄通常越小，因为年轻的罪犯（20岁以下）自信和经验不足，往往会选择独居老年人这类弱势势体。而处于"巅峰时期"（20岁到30岁）的罪犯们，则会偏向于选择青春期中晚期和成年早期的受害者。

当然，也有不少"大器晚成"的连环杀手（40岁到50岁才开始杀戮），但这些"晚熟"的罪犯大多数是被"耽误"了，比如没进化成连环杀手之前，就因为其他罪行入狱数年。

也是因为这个，对罪犯年龄的侧写其实是最容易出现误差的部分。

大部分以性为目的的罪犯选择的对象都是自己的种族，因为人类的性欲对象通常是与他同种族的人。在这起案件中，凶手对莎丽显然具有性动机，他大概率是和莎丽同种族的白人男性。

凶手对抛尸时间（等到物证基本消失后）、地点（跨辖区）和种种细节（撕去胶带以免留下指纹）的处理，表现出了较高的反侦查水平。

这种老练和谨慎不仅说明他心智比较成熟，年龄处于"巅峰时期"中后期（30岁左右，更接近30岁出头），也说明他之前有过类似的预演，因而"吃一堑长一智"，所以凶手大概率有类似性质的犯罪前科。

二、凶手是本地人，有一辆整洁的新车，做事有轻微洁癖。

从作案手法来看，这是一个"有条理的杀手"，在绑架前对莎丽多次跟踪，显然已经策划了很长时间。他给希尔达的"路线"准确无误，精准到每个细节，说明他屡次回到抛尸现场，进行精准的测量。

对抛尸地点和打电话地点（不同方向的公共电话亭）的选择，也表明他对当地很熟悉，熟知偏僻无人的地点和废弃的房屋，几乎可以肯定，凶手是本地人。

给史密斯家打电话时，有几次被打断之后，凶手会从头开始重复之前说过的话，这也表明这些"对白"是他打电话之前就写好、照着稿子读的，这样可以尽快阐明要点并挂断电话，以防追踪。

此人有轻微洁癖，习惯记笔记（时间都精确到秒），凡事都要罗列清单，一旦被打断，就不得不从头开始。

因为需要多次进行跟踪、前往偏僻地区踩点，凶手必须有自己的车。这辆车也会显示出车主的个性，非常干净、保养得当，并且很新。

三、凶手是一个性虐待狂，所有的行动都基于权力、支配、操纵和控制。

性虐待狂（sexual sadist）是指通过对受害者施加痛苦、目睹他人受苦（无论是身体上还是心理上）而产生性兴奋感的人。

轻度的性虐待狂（比如 BDSM 群体）会去寻找一个自愿的受虐者，这种施虐行为是建立在双方同意的基础上，他们的恐惧是"模拟"出来的。

但重度的性虐待狂想要的是真正的恐惧，是对另一个人身体、情感或心理完全的控制和摧毁。

可想而知，这样的性虐待狂是很难找到一个心甘情愿的伴侣的。所以他们会长时间沉浸在强烈的幻想之中，当他们终于将幻想付诸实践的时候，受害者的结局通常只有被残忍地伤害乃至死亡。

虽然凶手的确对莎丽实施了性侵，但真正令他获得快感的是受害者和受害者家人的恐惧。他把玩着他们的希望和痛苦，这种玩弄他人于股掌之间的快感给了他一种前所未有的力量。

虽然和史密斯一家通话时凶手经常表现出"内疚"和"忏悔"，但这只是他心理游戏的一部分。这是一个冷漠残忍、内心傲慢自负的自恋狂，他对上帝的引用也许是借此嘲弄身为神职人员的罗伯特，也许是想要推卸责任，更重要的是，在他看来，上帝也和史密斯一家一样，只能听任自己摆布——因为在凶手心中自己才是真正的上帝。

四、凶手早婚，婚姻短暂且离异，超重，从事蓝领工作，很有可能是电工。

不过，虽然这位自恋狂凶手对整个世界（甚至上帝）都充满鄙夷，他的内心深处却深藏着一种不安全感，并不断发生着冲突。这起案子是他第一次有机会成为一个主导者，在此之前，他的生活是全方位"失控"的。

他可能从事一份低收入的蓝领工作，无法从工作中获得社会价值感。由于凶手在作案时使用了变声设备（那个时代还属于高新科技），他应该具备一定的电子知识，可能从事建筑建造或者制造业之类的职业（比如低级电工）。

从劫持莎丽的方式和致电史密斯一家的态度来看，凶手也许表面上看起来彬彬有礼，甚至性格内向，显得有些腼腆。

他对女性没什么吸引力，曾经遭到过一系列的拒绝，自我感觉不佳，很可能超重或者体格臃肿（20 世纪 80 年代是崇尚健康美的年代）。

虽然凶手在电话中经常使用"我们"（他和莎丽）这样的称呼，并自称是史密斯一家的"朋友"，但这不过是他对自己和莎丽存在联系的一种幻想。

实际上，如果不是通过绑架这样的暴力手段，他和这位出身中产、多才多艺的人气美少女永远不会有什么交集。

凶手特别喜欢和女性进行权力游戏，他打电话时，总是要求和希尔达及唐通话，但对一家之主罗伯特避之不及。

这种对"完美家庭"进行无情摧毁和折磨的恶毒快感很可能源自凶手自身家庭生活和婚姻的失败。而对"完美丈夫和父亲"罗伯特的回避，也许是他内心深处不愿面对自己为父为夫失败的事实。

五、凶手会在近期行为异常，并再次犯案。

案发之后，在精神压力和亢奋感的作用下，凶手会表现出不同以往的异样行为，比如酗酒、体重减轻、长时间不刮胡子等等。

他会热衷于谈论这个案件，极为关注媒体的相关报道，并收集相关简报（这些是他的"战利品"）。

凶手沉醉于操纵受害者一家和警方的权力及控制感，他们的"反应"越多，凶手就越感到满足。

然而，随着莎丽尸体被发现，这种快感开始逐渐减弱，凶手不久就会渴望再次重温这种快感，他还会再度杀人，直到被抓获的那一天（所以探员们以连环杀手为预设做出了这份侧写）。

约翰·道格拉斯在电话里告诉列克星敦县警方，凶手的下一个目标会是酷似莎丽的某个人（比如莎丽的姐姐唐），如果找不到心仪的目标，他就会随机挑选一个最方便的受害者。

正如他所预言的那样，1985 年 6 月 14 日，发生了第二起绑架案。

6. "上帝想让你跟莎丽·费伊做伴"

距离莎丽被绑架已经过了整整两周，整个南卡罗来纳州都处于紧张状态，和莎丽同龄的少女们惴惴不安，家长们不允许她们单独外出，即使距离再短，也必须结伴而行。

也许出于这个原因，凶手无法接近心仪的目标，于是他找到了一个"替代品"——一个名叫黛布拉·梅·赫尔米克（Debra May Helmick）的 9 岁小姑娘。

赫尔米克一家住在距离史密斯家约 39 公里的里奇兰县（Richland County），父亲舍伍德（Sherwood）是一位建筑工人，母亲黛布拉在一家烤肉店工作，这对夫妻有三个孩子，大女儿和母亲同名，还有一个弟弟和一个妹妹。

赫尔米克一家四年前从俄亥俄州迁居到南卡罗来纳，他们最初和长辈同住，一个月前，一家五口搬到了夏伊洛拖车住房公园（Shiloh Mobile Home Park），算是终于有了一个属于自己的小家。

6月14日下午4点左右，黛布拉正和弟弟在家门口玩耍，父亲舍伍德则在屋里照顾小女儿。一辆车突然飞驰而来，停在黛布拉家门口，一个男子从车上跳下来，一把抓住尖叫的小姑娘上车，绝尘而去。

舍伍德和一个邻居迅速追了出来，但还是晚了一步，就像莎丽一样，黛布拉在光天化日之下被绑架，消失得无影无踪。

不过这次，他们看见了绑架者的长相，这是一个30多岁的男子，身高大约175厘米，体重95公斤，开着一辆一尘不染的银色最新款汽车。

里奇兰县的治安官也立即组织起了大规模搜查，但同样一无所获，他迅速将这件事知会了列克星敦县警方，虽然黛布拉·梅只有9岁，但她和莎丽一样，都是金发碧眼的漂亮姑娘，两起案子的作案手法如出一辙，目击者对犯人的描述也和FBI的侧写一致，列克星敦县警方深信，黛布拉·梅的绑匪就是他们要找的那个人。

两个县的警方开始协同破案，约翰·道格拉斯也带着手下赶到南卡罗来纳州，在莎丽那个案子里，凶手给史密斯一家打了电话，所以警方也在赫尔米克家安装了电话跟踪和录音装备，然而几天过去了，凶手却根本没有和赫尔米克家联系。

因为黛布拉并非凶手的理想目标，或许在他看来，这样"不合格"的受害者家属根本不配拥有和自己通话的资格。

因为黛布拉并没有令他满意，凶手势必会去寻找新的受害者，约翰·道格拉斯于是决定，他们必须先发制人，给凶手设下一个陷阱，让他尽快暴露自己。

约翰·道格拉斯的办法是，在列克星敦纪念公墓（莎丽下葬的地方）举行一次追悼会，史密斯一家会来参加追悼会，并由唐将莎丽的一个毛绒玩具放在她的墓前。

因为莎丽的绑架案是凶手的"得意之作"，他无法克制到现场观赏自己"成果"的冲动，而在仪式结束后，凶手很有可能悄悄重返公墓，取走那个毛绒玩具，作为对莎丽的"纪念"。

当然，这么做无疑会将唐置于危险之中，罗伯特和希尔达万分担心，他们不愿意将自己如今唯一的女儿置于危险之中，但勇敢的唐毫不犹豫地答应了。

在布局之前，FBI和警方找到了当地媒体，向他们说明如何正确地报道此事，以防激怒凶手，令其暴走。

6月21日下午，追悼会正式举行，当地居民自发从四面八方赶来，真诚地进行哀悼，治安官梅茨则带着手下，悄悄记录下所有过往车辆的车牌号。

不过，莎丽的墓地距离主干道太近，缺乏隐蔽性，所以FBI的探员们担心，这个谨小慎微的凶手也许不会冒险去取走那个毛绒玩具。

追悼会结束后，警方严密地监视公墓，遗憾的是，凶手没有现身，但他倒是又给史密斯家打来了电话。

午夜刚过，唐再次接到了"莎丽·费伊·史密斯"的电话，而这一次，凶手变得更加狂妄，甚至没有使用变声设备，他用自己的原声慢条斯理地对唐说道："你知道吧？上帝想让你跟莎丽·费伊做伴。这只不过是个时间问题，这个月、下个月、今年、明年，你不可能时时刻刻受到保护的。"

面对凶手这一赤裸裸的公然威胁，唐依旧尽力保持着理智，冷静地继续对话。这时凶手问道："你听说过黛布拉·梅·赫尔米克吗？"

"嗯？没有……"唐尽力拖延着时间。

接下来，凶手告诉唐一个详细的路线指南，和莎丽案中那个路线指南一样细致入微，最后他说："黛布拉·梅就在那里等待，上帝宽恕我们大家。"

6月22日，警方按照凶手指示的路线，在土路边浓密的灌木丛中找到了黛布拉·梅严重腐烂的尸体。和莎丽一样，她在被绑架的12小时内就被杀害了，死因同样是窒息。

就这样，凶手再度嘲弄了警方并全身而退，然而，他扮演上帝的日子即将结束，因为就在那封莎丽临终时所写的遗书上发现了本案最关键的物证。

7. 神秘的电话号码

上文提到，莎丽的遗书被火速送到了南卡罗来纳州执法犯罪实验室进行分析，但没能找到任何有用的常规物证（比如指纹）。

不过，法医们不甘心就此放弃，他们冥思苦想，有没有其他方法从这封信上获得证据呢？

突然，一位法医灵机一动，想到一种名叫"埃斯塔机"（ESDA）的新设备。

埃斯塔机又称静电检测设备，用来显示纸张上的压痕。由于莎丽的遗书是用黄色便笺写成，法医们推测，这两张纸应该是从凶手自己的"笔记"上撕下来的，运气好的话，也许能检测出这两页信之前几页纸上所写的内容。

最终在这两张纸上法医们发现了两处可辨别的字迹，一处是一份购物清单，而另一处是一串数字：20583713 □ 8。

205 是亚拉巴马州的区号，837 是亨茨维尔市（Huntsville）的地区号码，两个县的警方立刻对所有可能的号码进行查证，很快就锁定了一个号码，这个号码曾多次致电列克星敦县同一所住宅。

警方拨通了这个号码，接电话的是个年轻小伙子，警方询问他是否和南卡罗来纳州有什么联系。小伙子表现得很淡定，他告诉警方，自己正在陆军服役，不时会给住在列克星敦县的父母打电话。

他的父亲名叫埃利斯·谢泼德（Ellis Sheppard），是个电工，就住在距离史密斯家约 24 公里的一所宅子里。

列克星敦县副治安官路易斯·麦卡里（Lewis McCary）立刻带上几名手下，直奔埃利斯·谢泼德的家，但当他看到谢泼德夫妇时，却不由得大失所望。

谢泼德夫妇年过半百，待人热情友好，婚姻幸福美满，除了谢泼德是一位白人电工外，丝毫不符合侧写，另外两起绑架案发生时，这对夫妇都在外地度假。

　　但麦卡里并不死心，黛布拉·梅案中目击证人对凶手的描述也令他坚信 FBI 侧写的准确性，于是他开始向谢泼德详细复述那份侧写，并问他们是否认识这样一个人。

　　麦卡里复述过程中，谢泼德夫妇的神色越来越凝重，最后他们对视了一眼，异口同声地说出了一个名字：拉里·吉恩·贝尔（Larry Gene Bell）。

8. 拉里·吉恩·贝尔

　　拉里·吉恩·贝尔出生于 1949 年（案发时 36 岁），生在亚拉巴马州的拉尔夫（Ralph），家中共有 5 个孩子，经常搬家。

　　贝尔高中时在南卡罗来纳州就读，接着又搬到密西西比州，在那里读了技校，并成为一名电工。之后他又回到南卡罗来纳州，早早结婚生子，据说他的前妻同样是金发碧眼，和他结婚时只有 15 岁。

　　1970 年，贝尔加入海军陆战队，但入伍不到一年就退役了，之后他在哥伦比亚惩教署（Department of Corrections）找到了一份工作，仅仅一个月就被解雇，1976 年，他与妻子离婚，妻子获得了所有孩子的监护权。

谢泼德夫妇告诉警方，贝尔性格腼腆，体格粗壮，是埃利斯·谢泼德的助手，在装修房子时负责布线，他做事很细致，工作有条不紊。

谢泼德夫妇度假期间（6个星期），贝尔替他们看房子，谢泼德夫人记得，她曾将儿子的电话留给贝尔，以防他们度假期间有事需要联系（这就是那串神秘电话号码的由来）。

谢泼德夫妇还告诉警方，他们度假归来时，贝尔曾去机场接他们回家。

看到贝尔时，夫妇两人大吃一惊，因为他瘦了好多，并且胡子拉碴、神经兮兮的。回想起来，从机场回来的一路上，贝尔一直都在谈论"失踪的史密斯家女孩"的事。

为了万无一失，麦卡里又播放了凶手最后一次致电时的电话录音（那次他没用变声设备），接着问谢泼德夫妇："这是不是贝尔的声音？"谢泼德夫妇笃定地点点头："毫无疑问。"

1985年6月27日，也就是莎丽被绑架的28天后，拉里·吉恩·贝尔在早上离家上班时被警方逮捕。

治安官梅茨搜查了贝尔的家，他的鞋子在床下摆放得井井有条，工作台也一尘不染。警方找到了大量奴役虐待主题的色情书刊，在贝尔的床上发现了六根金色长发（莎丽的），而他书桌抽屉里的邮票则和寄给史密斯家信封上的邮票完全相同。

梅茨又查看了举行追悼会那天经过的车辆牌照，贝尔的车果然也在其中。

警方又调出了贝尔的案底，发现他之前就曾因电话骚扰女性被捕，他还曾试图绑架一名女学生（未遂），为此获刑 5 年（21个月后假释），警方还怀疑他和另外两起女性失踪案也有关联。

1986 年 2 月，贝尔因谋杀莎丽·史密斯受审，他在长达 6个小时的庭审中大喊大叫，并发表了诸如"蒙娜丽莎是一个男人"等一系列怪诞的言论，试图让陪审团相信他有"精神问题"，本着宗教精神，对他"慈悲为怀"。

所幸这番操作无一人买账，仅仅 47 分钟后，陪审团就做出了裁决，判处贝尔死刑。

1987 年，贝尔因绑架和谋杀黛布拉·梅再度受审，黛布拉的父亲舍伍德全程出席了审判，一直一言不发地狠狠盯着贝尔。这次审判中，陪审团也做出了相同的裁决（速度也不比前一次慢）：两项罪名均成立，死刑。

1996 年 10 月 4 日，在死囚牢中度过 10 年后，47 岁的贝尔坐上了电椅（这在美国司法体系里算是相当迅速的），他也是南卡罗来纳州最后一位被执行电刑的囚犯。

9. "总会有一些美好的事情因此而生"

史密斯一家决心不让悲伤占据他们的生活，就像女儿在遗嘱里希望的那样，他们希望能一天一天好好生活下去。

若干年后，罗伯特在采访中说，莎丽的那封信给了他无尽的力量，甚至比任何形式的判决都更有意义——那是天国的女儿对他们最后的叮咛和嘱托。

1986 年，唐参加了南卡罗来纳小姐比赛，这是莎丽一直鼓励她去做的"冒险"。

她在比赛中获得冠军，并在之后的 1987 年度美国小姐比赛中获得第二名。现在她是知名的基督教歌手 / 词曲作者和励志演说家。

希尔达写了一本名叫《莎丽的玫瑰》的书，纪念自己的女儿，这本书于 2001 年出版，广受读者的好评。两年之后，希尔达与世长辞，享年 61 岁。

梅茨之后一直担任列克星敦县的治安官，然而在 2015 年，他因受贿罪（向非法移民出售身份）被捕，算是一世英名毁于一旦。

但不可否认，他在这起案件里的确称得上一位尽职尽责的地方执法官员。

1995 年，约翰·道格拉斯从 FBI 退休，之后他撰写了很多本畅销书，罪犯侧写也因此成为流行文化中的"热点"。他本人是《犯罪心理》中吉迪恩（Gideon）和罗西（Rossi）两者的原型，也是《心灵猎人》中主角的原型。

不过虽然经历过许许多多的要案大案，令他最难忘的案件却仍然是这起莎丽·费伊·史密斯绑架案。

就像他在自传《心灵猎人》的结尾中所说的那样，恶永远不会自行消亡，我们只能竭尽全力，让恶龙取胜的概率越来越低。

而对痛失所爱的人而言，也许可以试着淡忘和释怀，但永远永远都不会有什么彻底的"了结"。

（作者：安非锐）

图书在版编目（CIP）数据

没药花园案件 . 识影寻踪 / 没药花园著 . −− 北京：
北京日报出版社 , 2023.2
ISBN 978−7−5477−4421−5

Ⅰ . ①没… Ⅱ . ①没… Ⅲ . ①犯罪心理学−通俗读物
Ⅳ . ① D917.2−49

中国版本图书馆 CIP 数据核字 (2022) 第 210597 号

作　　者：	没药花园
责任编辑：	许庆元
品 牌 方：	知乎 BOOK
出版监制：	张　娴　魏　丹
策划编辑：	雷清清
特约编辑：	张　璐
特约校对：	王苏苏
营销编辑：	崔偲林
封面设计：	果　丹
内文排版：	刘宇宁　蚂蚁字坊

出版发行：	北京日报出版社
地　　址：	北京市东城区东单三条 8–16 号东方广场东配楼四层
邮　　编：	100005
电　　话：	发行部：（010）65255876
	总编室：（010）65252135
印　　刷：	三河市兴博印务有限公司
经　　销：	各地新华书店
版　　次：	2023 年 2 月第 1 版
	2023 年 2 月第 1 次印刷
开　　本：	880 毫米 × 1230 毫米　1/32
印　　张：	8.625
字　　数：	147 千字
定　　价：	59.80 元